"中国劳模"系列丛书

中国劳模

杨雅丽◎著

吉林出版集团股份有限公司
全国百佳图书出版单位

图书在版编目（CIP）数据

璃光中的闪耀之星：李春 / 杨雅丽著. -- 长春：
吉林出版集团股份有限公司, 2024.9. -- （"中国劳模"
系列丛书 / 徐强主编）. -- ISBN 978-7-5731-5459-0

Ⅰ. K825.38

中国国家版本馆CIP数据核字第2024DC6362号

LI GUANG ZHONG DE SHANYAO ZHI XING: LI CHUN

璃光中的闪耀之星：李春

出 版 人	于 强
主 编	徐 强
著 者	杨雅丽
组稿统筹	东北师范大学文学院创意写作研究中心
责任编辑	冯 雪
装帧设计	刘美丽

出 版	吉林出版集团股份有限公司
发 行	吉林出版集团社科图书有限公司
地 址	吉林省长春市南关区福祉大路5788号　邮编：130118
印 刷	唐山富达印务有限公司
电 话	0431-81629711（总编办）
抖 音 号	吉林出版集团社科图书有限公司　37009026326

开 本	710 mm×1000 mm　1 / 16
印 张	9
字 数	90 千字
版 次	2024 年 9 月第 1 版
印 次	2024 年 9 月第 1 次印刷

书 号	ISBN 978-7-5731-5459-0
定 价	55.00 元

如有印装质量问题，请与市场营销中心联系调换。0431-81629729

序 言

　　劳动创造财富，劳动创造幸福，劳动创造未来。习近平总书记在2020年全国劳动模范和先进工作者表彰大会上的讲话中指出："全社会要崇尚劳动、见贤思齐，加大对劳动模范和先进工作者的宣传力度，讲好劳模故事、讲好劳动故事、讲好工匠故事，弘扬劳动最光荣、劳动最崇高、劳动最伟大、劳动最美丽的社会风尚。"当今世界，综合国力的竞争归根到底是科技人才和高素质劳动者的竞争。改革开放以来，我们强大的工人队伍用辛勤的劳动和拼搏奉献的精神推动中国制造、中国智造、中国创造走向世界的前列，新时代的中国面貌日新月异。大力弘扬劳模精神、劳动精神、工匠精神，加强高素质技能人才队伍建设，打造一支宏大的知识型、技能型、创新型劳动者队伍，是伟大时代赋予我们的历史责任。

　　劳动模范是民族的精英、人民的楷模，是共和国的功臣。自改革开放以来，广大职工勇立改革潮头，独立自主，奋发图强，勇于创新，其中涌现出一批批全国劳模和大国工匠。他们参与建设了代表中国高度、中国速度、中国深度的一系列重大工程，提升了国家实力，打造了"中国名片"，树立了"中国品牌"，增添了"中国力量"，充分释放出工人阶级的创新活力，展示出大国工匠的强大创造力。他们以工人阶级的满腔热忱在各自平凡的工作岗位上取得了辉煌的成绩，书写了新时代的壮丽篇章。

爱岗敬业、争创一流、艰苦奋斗、勇于创新、淡泊名利、甘于奉献的劳模精神，崇尚劳动、热爱劳动、辛勤劳动、诚实劳动的劳动精神和执着专注、精益求精、一丝不苟、追求卓越的工匠精神，是广大劳动群众在社会生产实践中锤炼形成的弥足珍贵的精神财富，是工人阶级伟大品格的具体体现，是民族精神和时代精神的生动诠释。民族复兴需要劳动模范，祖国强盛需要大国工匠，中国制造、中国智造、中国创造更需要大国工匠的强有力支撑。劳模、工匠等的成长故事、先进事迹中承载的劳模精神、劳动精神和工匠精神，是激励全国各族人民团结奋斗、勇往直前的强大精神力量。

"中国劳模"系列丛书，采用图文结合的方式，讲述全国劳模、大国工匠和先进工作者们的成长经历及他们追梦、筑梦、圆梦的故事，用他们在平凡岗位上创造不平凡业绩的真实故事感染读者，推动形成劳动最光荣、劳动最崇高、劳动最伟大、劳动最美丽的社会风尚，引导广大技术工人和青少年形成劳动光荣、技能宝贵、创造伟大的观念。

"匠心筑梦，强国有我。"新时代是一个万象更新、生机勃勃的时代，也是一个继往开来、创新创业和建功立业的大时代。希望广大读者能以劳动模范为榜样，以大国工匠为楷模，立志技能报国、技术强国，踔厉奋发，勇毅前行，锤炼思想品格，汲取劳动智慧，勇于担当、勤于钻研、甘于奉献，为推进新型工业化和乡村振兴，为加快建设制造强国、质量强国、航天强国、交通强国、网络强国、数字中国、农业强国，全面建设社会主义现代化国家贡献青春力量。

中华全国总工会副主席（兼）

中国航天科技集团有限公司第一研究院

211厂14车间高凤林班组组长

2022年11月

李春，男，哈尼族，1974年生，云南普洱人，云南呈达企业集团有限公司生产技术总监，先后获得呈贡区道德模范、呈贡区高技能优秀人才、昆明市劳动模范、昆明市五一劳动奖章、云南省劳动模范、全国五一劳动奖章等多项荣誉。

1996年3月，李春进入呈达技术玻璃厂（后改制为呈达企业集团玻璃公司）工作。对玻璃深加工技术一无所知的李春，凭着"一根筋、不服输"的韧劲，"干一行、爱一行、钻一行、精一行"的态度，迅速成长为一名优秀的胶合工人。

2010年，李春升为公司生产技术部总监，带领公司员工完成昆明长水机场、昆明地铁站、高铁站等民心工程建设所需的玻璃供货任务，年平均完成产量达

78万平方米。在李春的带领下，公司生产技术实现了云南省双钢化弯夹层胶片法"0"的突破，攻克了公交车侧窗隐形窗开洞玻璃生产难关。此外，防暴力打砸专业技术玻璃获得国家实用新型专利证书和"云南省名牌产品"推荐；环保节能Low-E中空玻璃获得"昆明市名牌产品"美誉，销售量达10万平方米；公司产品通过了国家安全质量认证和国家强制性"CCC"安全质量认证；"呈达"商标被认定为"云南省著名商标"和"昆明市知名商标"，并荣获多项专利。

同时，李春也被称为热心好人。2010年7月，公司宿舍楼面临拆迁问题，他配合昆明地铁建设，多次牵头与拆迁方进行协商。2013年10月，公司的一名员工突发脑出血，他积极发动社会力量进行募捐救助。

李春真正做到了"精益求精磨技术，实践躬耕育品德"，成为德技并修、创新卓越、爱岗敬业的玻璃加工行业排头兵。

目　录

第一章　星星点灯

扫码解锁

◉群英颂歌
◉技术突破◉奋斗底色

来自1974年9月的"春天"

9月的云南误闯进了秋雨里，雨里睡有一座小山村——恩永村。恩永村地卧横断山脉南段、无量山脉南部边缘，地势高陡，河谷平坦地可供农用，大多引水种稻；丘陵处适合种些山茶。因为地薄人稀，故而雨里更显得安静了，只听得采茶女采下谷花茶，茶树落一声叹息。跑山鸡踩上湿漉漉的洗衣台，作一声高歌，惊醒包被里刚出生两天的李家小子李春，引一声啼哭。

5岁的姐姐李梅慌忙将弟弟李春抱在怀里，轻轻拍背。照看弟弟的时间长了，李梅逐渐发现一个规律，只要弟弟一哭，她就把提前凉好的一碗炊壶水喂进去，李春就能舒服地睡着了。但李梅一点儿也不敢睡着，一刻不离地把弟弟抱在怀里。时间一长，弟弟睡觉的时间却越来越短，醒来得越来越快。她好着急，总是在想：怎么哄好没有奶水吃的弟弟呢？爸爸妈妈，你们要多久才能回来？

1974年，云南省普洱市宁洱县德安乡的恩永小山村，"会生仔，鸡酒香；不会生，四块枋"，接生婆最怕遇到胎位不正的莲花胎，要和阎王爷打人命官司。一把过热火剪刀，一根呼儿杖，两壶滚开的水，却迟迟等不到孩子出生，好生不易"呼儿"出来，母亲却已生命垂危，父亲李建德内心焦灼，匆匆留下一双儿女急忙带着妻子向城里医院赶去。鬼门关里挣扎三天，终于脱离生命危险的母亲周顺仙回到家，给饥饿的李春喂上了第一口奶。

劫后余生，后怕犹在。这一次经历在母亲周顺仙的心里留下了深深的疤痕，她隐隐感知到那个年代"越穷越生娃，越生娃越穷"的恶性循环。

在老一辈人看来，"有儿贫不久，无子富不长"。20世纪70年代，农业生产仍然是人们的主要生计来源，但生产工具简易，生产技术水平不高，导致劳动生产率较低。这意味着"供不应求"，每个家庭所生产的农产品有限，难以满足日常消费和生活需求。所以老一辈人愿意生育多个孩子，以期有更多劳动力来支撑家庭生计。

这种生育行为带来的后果可想而知。20世纪50年代至70年代，我国人口数量激增。激增人口的背后，是对我国经济、环境、资源等多方面的极大挑战。

经历过难产痛苦的母亲周顺仙立誓："我再也不要生孩子了。"面对他人的劝说，她丝毫不理睬，回答道："你喊我生，生下来你来养？国家那么多人，我看少生点儿挺好的。"周顺仙虽没有接受过正规的学校教育，但毅然抛弃了老旧观念。

父母一千句说教，不如一次以身作则。母亲周顺仙当时坚定的言行，在李春的心里播下一粒小小的种子。

牛棚里撑起一个家

树要根多，家要人多。母亲周顺仙的决定，无疑像一把巨斧砍向李氏家族的大树根。在李家族人的不解与愤怒中，李春一家四口被赶出了家门。三岁的李春第二个家，是村里生产队弃用的会议室，实际是简易的牛棚改造而成的。

家徒四壁立，人心一方聚。在最艰难的时刻，母亲周顺仙紧咬牙关说道："人只要有骨气，哪里有活不下去的道理！"葫芦剖肚做瓢盆，丝瓜晾干刷锅碗，一双碗筷你放下我拿起，一锅水里只藏几粒米。贫困的现实，并没有阻挡李春家对于美好生活的追求。

日出而作，日落而息。时节如流，鸟飞兔走。

每年6月上旬至7月上旬，是早稻的抽穗期。李春家的稻田傍河，土沃谷肥，金穗抽条，高出叶鞘。稻田里上一次蓄存的水自然落干，父亲李建德趁这几日晴天，便晒田以气养根。之后，他又将箐沟挖个缺口，隆起泥土作道引水入田。入伏前的阳光正衬着一片绿色稻浪，李建德看到一些着急的稻穗端结出白白的小花，脸上露出了憨厚的笑容。

丰收在望，喜鹊枝头叫。村里传来一则好消息，庄稼汉们劳作起来更有劲儿了。

1980年，伴随着十一届五中全会的召开，中国的改革开放正式走上了快车道。

改革春风轰轰烈烈地吹向中国大地，也唤醒了西南大山里的恩永村。自家的田自家种，自家的粮自家用，以家庭为单位，将土地分配给农户，让农户们自主经营获得收益，并承担相应的责任，"包产到户"（即家庭联产承包责任制）宛如一道格外响亮的福音。

1983年，时年9岁的李春跟着父亲李建德，来到家里的稻田。河边水草丰盛，李春背着母亲周顺仙编的小竹篓，手里拿着弯月镰刀要割猪草。鹅肠菜、灰涤菜、野油菜、刷把菜都是猪的下嘴菜。"割猪草、喂猪儿，猪儿吃草胖又圆，胖又圆，一年下来赚大钱……"每次觉得辛苦时，李春便会哼着顺口溜，脑海中想象着小猪崽们长成又肥又圆的大胖猪的模样。他稚嫩的小手战战兢兢地割草，有时割得急了些，锋利的镰刀伤了手指，李春就摘一截蒿枝嚼烂敷在伤口上，然后翘起受伤的手指继续割草。

临河边有一块石头，像只大乌龟趴在地上，被李春称为"乌龟石"。它驮过新妇浣衣，驮过庄稼汉插完秧在河水里洗去一腿的泥，也驮过李春淘洗猪草上的土。

一天，李春来到了河边却找不到乌龟石。原本清澈的河水，已浑浊成黄泥水，水位快速上涨，水流比平时湍急许多，并且水流中时不时夹着小石块撞向岸边。远处的天空藏着几分阴郁和神秘的气息，层层叠叠的云朵渐渐堆积，呈现出黯淡的炉灰色，低垂着遥遥逼近。

狞雷驱猛雨，拔去千年树。不久后，宁洱县突然遭遇了一场山洪灾害，而德安乡是受灾最严重的地区。

凡是临河沟的稻田都被洪水吞噬，原本肥沃的土地，如今被覆上一层沙土，巨石和古树四处流散，这里成了万亩水稻的坟墓。李春一家四口鸡鸣即起，在田里捡树枝、抛石头，希望能尽早恢复耕田，明年才有丰收的希望。可是，耕田受灾严重，恢复太过艰难，只能另想办法。

李春家本该坐等庆贺丰年，如今却几乎颗粒无收，这让本就贫困窘迫的家庭跌入谷底。

《海边的卡夫卡》里写道："暴风雨结束后，你不会记得自己是怎样活下来的，你甚至不确定暴风雨真的结束了。但有一件事是确定的：当你穿过了暴风雨，你早已不再是原来那个人。"这一次的灾难给年幼的李春带来了很大的震撼，他深深感受到大自然威力之强，人类力量之弱，福祸轮转之快，靠天吃饭的农业之难。山洪过后，李春小小的身躯里突然充满了渴望，心中涌动着一种从未有过的迫切——"活下来！我要活下来！"

然而，这一场灾难才是李春家与饥饿作斗争的开始。

李春父母想尽办法求生存，最终决定上山垦荒。铲杂草、清走石块枯叶、松土地、犁沟槽，他们将土地收拾得平整利索。山里的土地远远不如河边的土地肥沃，但红薯、玉米一类长得也算茁壮。家里的猪散放在山里四处溜达，李春也光荣地成了放牛娃。

眼见着生活有了盼头，李春家却要居无定所。原来借住的牛棚房要被收回，李春家只能忍痛卖掉家里的黄牛，凑出钱来买下了牛棚房。

福无双至，祸不单行。李春家放养的猪一夜之间遭了猪瘟，全数病死在山林里。夜以继日的辛勤劳作，换来的却是从天而降的重重灾祸，面对生活中的种种打击，李春家只能无奈应付着，将破旧的牛棚房修修补补，艰难度日。父亲李建德在沉重的压力与打击之下，开始出现间歇失明的症状，身体已经难以负荷重体力劳作。

家里的顶梁柱倒下了，这个家庭被不幸所包裹，前路在何方？要怎么活下去？

母亲周顺仙勇敢地撑起了这个家，她四处打听可以挣钱的工作，无论是采茶的工作，还是挖茶沟的体力活儿，她都坚强地扛了下来。在年少的李春心里，母亲是家里永远挺立的大树，她曾说："人只要有一口心气儿在，身体健康，再难过的坎儿都能迈过去，一切困难都不成问题。"当时，年幼的李春并不能完全领会母亲的话，但是他知道，自己也要像母亲一样坚强！

一盏孤独的煤油灯

李春10岁那年，姐姐李梅已是住校的初中生了。父母打零工难以支撑家里的正常开销，母亲周顺仙思来想去，决定走一条风险与收益并存的新路——到人气旺、销路好的磨黑街摆小吃摊。

磨黑街距家六七十公里，三轮车往返要骑好几个小时，李春父母每天鸡鸣起，伴月归，无暇照顾年幼的李春。穷人家的孩子早当家，才上小学的李春就这样开始了独立生活。

20世纪80年代的恩永村还没通电，晚上漆黑一片，尤其是冬天白昼短，天黑得早，李春放学时天色已晚，路况难辨，微弱的银辉映照着李春瘦小的身影。有一次，他听到身后草丛传来窸窣声，在拐弯的路口看见身后的黑影，极度恐慌令他发不出半点儿声音，吓得一口气儿跑了两里地，最后才惊觉那原来是自己的脚步声和背影。后来，他开始学着放开嗓子唱山歌，这样就好像有另一个李春在陪着自己。回到牛棚房，他借着月光，砍柴、生火、做饭、洗衣、缝补丁、割猪草，在料理好家里的生活杂事后，李春才舍得点上一盏煤油灯，打开课本开始温书。

在数不清的第一次与无尽的未知中，年仅10岁的李春内心充满恐惧。但是，他深知，生活犹如汪洋大海，在港口永远等不到终身免费的航船。靠人者自困，靠己者自渡。于是，他学会了忍耐孤独，学会了勇敢尝试，学会了做一个懂事的小大人。

夜色难免黑凉，前行终见曙光。

李春利用农余时间刻苦学习，顺利升入了初中。其实，村里和李春同龄的孩子多数都没有继续上学，一部分人是因为家里没有钱供孩子读书，还有一部分人是因为父母认为没有必要上学。那个年代，大山里的孩子很难做到兼顾农活之余顺利通过中考升入高中。既然上高中希望渺茫，最后也是要回家做农活儿的，那又何必浪费钱读初中呢？

西南地区的孩子走不出的不仅是层叠绵延的大山，更是藏着落后、贫穷与偏见的大山。

但是，李春不愿意被困在山沟里，每当忐忑不安怀疑自我时，他总想起在苦难中仍奋力挣扎、顽强生存的父母。李春不认命，他不知道外面的世界是否也是走不尽的山、涨不停的洪水、做不完的农活儿，他要自己去看看。

中考的前一天，母亲周顺仙为李春熬了一锅鲫鱼浓汤，平日里都见不到的荤腥，李春此时却因为紧张难以下咽。他回到房间里点上煤油灯，想要再复习一遍重要的知识点，然而一个字都看不进去。他起身离开了牛棚房，留下了一盏孤独的煤油灯——一个捡来的泡酒酒瓶，一根铝管包着棉线做成的灯芯，瓶子里盛了些煤油。昏黄的灯光映照着粗糙的墙面，上面满满当当地贴着李春获得的各种奖状——"三好学生""纪律之星""劳动光荣之星"……

李春迎着带有土腥气的夜风走到了熟悉的河边，河岸边紧挨着的是李春家的责任田。沙石上已经长有湿润的青苔，勉强能看出本来模样的沟槽杂草丛生。曾经吞没万里良田的河流，如今若无其事地流淌着。

他再次坐在那块乌龟石上。石头像受了伤的小兽蜷缩于此，它显得那般渺小，身上是风吹过、雨淋过、水浪冲刷过的痕迹。水波涌动，碎银般的清辉渐渐晕开，月光轻轻拥上李春的肩头，影子静悄悄地蹲在他的身旁。

在无数个要返校的夜晚，李春淘洗完猪草后，手捧河水擦一把脸，便匆匆赶路。李春就读的初中在德安乡，每周只能回家一次，单程就要走20公里。一起上学的孩子有骑自行车回家的，而李春穿的草鞋都已磨破了，只能赤着双脚走回村里。山区多半是土路，有些道路都是人硬生生踩出来的，尤其在夏季，脚丫陷进深深的湿泥里又拔出来，稍不留神脚底一滑，就会摔进水凼里。忍耐着严寒，扛过了酷热，在这翻山越岭的上学途中，支撑着李春的是教室后黑板上写着的六个大字——知识改变命运。

20世纪80年代，社会上曾掀起过"中专热"，初三的预备毕业生们都面临着两个选择——普通高级中学（即高中）或者中等专业学校（即中专）。因为中专学校专业多，毕业包分配，学制3年或4年且免学费，相比高中是在为一个不确定的未来备考3年，入读中专的压力小，成本也低。拥有中专学历就相当于手捧"铁饭碗"，还能早日走上工作岗位，补贴家用。

想要为父母早日减轻负担的李春，也将考上中专作为目标。初中3年，他一日不敢懈怠。清晨，同学们还未进教室，就能听到里面传来李春背诵古诗的声音。教室全天向学生们开放，李春总是做题到深夜才返回宿舍。考试失利时，李春嚼着被眼泪浸湿的馒头，梳理错题，分析原因，制订下一阶段的提升计划。有时感觉到疲惫，学习效率不高时，李春就趴在桌上打哈欠——李春独有的"学习胜利法"，打一次哈欠相当于睡5分钟。他即使再困，手也要伸出桌面抓一支笔，因为这样就算睡过去了，笔掉在地上的声音也能使他惊醒。

星光不问赶路人，时光不负有心人。

李春的成绩一直名列前茅。最终，他以399.5分的高分成为所在初中的应届状元。可惜，心仪的中专学校录取分数线是403分。名落孙山的李春深知，家里的经济条件已不能支撑他复读，他最终选择就读职业高中。

3.5分的分差，轻轻地撩起了李春人生长河的涟漪。

走向社会的第一课

当时，老一辈人并不认为就读职业高中是一种很好的选择。在他们看来，职业高中的定位有些尴尬。它既像普通高中一样收学费，又像中专一样教技术，但是教育资源却远远不及普通高中，又不包分配工作。因此，李春一直犹豫不决，他不愿再增添家里的经济负担。

就在他想要放弃时，事情出现了转机。

1990年6月下旬，宁洱县职业高级中学宣布，成立水电专业管理水电班。该班级首次开设，是县领导指示安排的重点班。学校招生办公室更是大力宣传，毕业后包分配工作，并且承诺，班级前三名将保送到大学。消息一经传出，众人蜂拥，招生办公室的门槛快被踏破了。水电班原定招生50人，后扩招到78人。

母亲周顺仙说："春儿，你只管去读，爸爸妈妈砸锅卖铁也要送你去上水电班。"李春在父母的支持下，成了水电班的一员。

职业高中以培养技术技能型人才为目的，对应的考试内容是语数外三门文化课，学习科目相较于普通高中少，文化课难度也小。但是，水电班设有占比较大的专业课，如果学生想学有所成，课业压力也不小。尤其，新设立的水电班开出了颇具诱惑力的升学条件，家境贫寒的学生们都铆足了劲，三更睡五更起，角逐班级前三名的位置。整个水电班都充满着努力学习的积极氛围，成了学校学风建设的模范班级。

⊙ 1990年，李春上职高第一天的纪念留影

在竞争激烈的学习环境里，李春的心路历程也十分复杂。

一开始，李春觉得干劲十足。可是，无论他起得多早，总有同学比他先到，无论他走得多迟，也总有人在教室里埋头苦学。他想尽办法节约吃饭、睡觉、锻炼身体的时间，仍然觉得学不够。时间一长，他精力不足，体能下降，头脑昏昏沉沉。一到考试，他吃饭都会紧张得呕出来。

然而，考试结果一出，让他惊讶不已。和他一样认为学习时间长度可以换来考试分数的同学，成绩都不如意。

李春想："我到底差在哪里？我到底是哪里没有做好？"

内心郁闷不平，李春的头都耷拉了下来。在邻里亲戚看来，经历过大灾大难的李春从不哭闹，也不调皮，是一个乐观坚强的孩子。他似乎已经习惯了微笑，习惯了突如其来的意外。但是，这一次，李春心中却酸涩不已，感觉自己永远都在原地转圈圈。他走到学校附近的湖边，随手捡起几块岸边的石头投向水里。椭圆的卵石又大又厚，猛地落入水中，发出扑通的响声。李春向前走，浅水处有几块又薄又小的扁石头，他捏住其中一块全力抛甩，瓦片状的石头居然在水面弹跳起来。

小时候，李春也爱在河边打水漂，石头却总是急切地扑进河里。这一次无意渡水自来舟，李春惊喜不已。

他开始对比，思考自己如何成功打出了漂亮的水漂。薄小的瓦片石、手灵活地捏住石头、身体后倾、蓄力抛甩、距离水面近，他总结方法之后再试验，石头一次比一次跳得远。模拟复盘、对比试错，李春意识到，原来找对技巧这么重要。他想，相比于研究怎么节省时间，他更应该研究有效的学习方法。

只要功夫深，铁杵磨成针。此后，李春慢慢琢磨学习技巧，并逐渐摸索出一套适合自己的学习方法，稳坐班级前三名，而且每年都被评选为"三好学生"。

眼看万事皆备，只等毕业，学校却无法兑现招生时许下的承诺，不仅没有了保送上大学的机会，同学们还只能自己找工作。

1992年7月，李春只能告别校园，遗憾毕业。他跑遍了县城里的各个工厂，都惨遭拒绝，同届的水电班同学也都很难找到专业对口的工作。

在这一次极大的失望与落差中，李春学到了走向社会的第一课。

万物轮替、斗转星移，世界只有变化本身，才永恒不变。要想不被落下，人就要主动接受变化，试着去改变自己。他告诉自己："虽然结果不尽如人意，但是学到了有用的专业知识，我还年轻，积蓄力量，未来才能把握住好机会。"

⊙ 1992年，李春（三排左二）职高毕业合影

兽医送来一碗救命汤

春种一粒粟，秋收万颗子。10月的恩永村，在每一颗饱满的谷穗里，收割了丰年。桑野万顷，镰刀勤勤，李春在正午热得脱下汗衫，黝黑的脊背比灶上的锅底还要油亮。

李春干活儿向来手脚麻利，他将稻谷捆成几丛，背来一个大方桶，甩开膀子摔谷子，谷粒从稻穗上滚落进桶里，打满半桶倒进箩筬里。装满几箩筬挑回家，倒在竹编的席子上，用木耙把谷子推成薄薄一层。晒完一周的谷子被放进谷风车的盛斗里，李春转着手柄，让风吹走秸秆和瘪壳。

父母在磨黑街摆小吃摊，家里的责任田却不能荒芜，李春在毕业后主动回到家里务农。18岁的少年，像初升的太阳，从不被一时的云雾迷失方向，充满生机地向外播撒希望。

每天做完手里的农活儿，李春身体还冒着热气，他就一头猛扎进河里，洗净一天的疲惫，在潺潺的流水声中快意半响。

10月刚轮到满月这一天，李春从河里站起来，身上湿答答地滴水，周围的空气好似夏天水井藏的西瓜一样凉。他打了一个寒战，甩了甩头发上的水，又立刻擦干身体。

正午艳阳高照，李春却感觉头晕目眩、浑身发冷，他心里想："这下可坏了！"

果不其然，当天晚上，李春额头滚烫，鼻子里出气儿都热乎乎的。

隔天，母亲周顺仙早上出门前，看见他小脸通红，便问道："春儿，你是不是感冒了？喊你这两天不要去河里洗澡嘛。"周顺仙上前摸了李春的额头，"有点儿烫，走，妈带你去看病。"

李春赶忙拉住她，"妈，我没事，又不是小娃儿，我自己知道去拿药，你跟我爸赶紧去出摊吧。"

他好说歹说，终于把父母催走，找乡里医生抓了一服药，才躺在床上，把衣服、裤子都裹在身上，想要捂出汗来退烧。没想到，药是一点儿不起作用，李春一下烧到了41℃，这可吓坏了家里人。母亲周顺仙赶紧打来冰凉的井水，把帕子叠成方块敷在李春的额头，等一会儿不凉了，又拧一把凉水。看着李春因发烧而干起皮的嘴唇，父母感觉心都要碎了。可是，家里却没有钱送李春去城里的医院看病。

就在一家人要陷入绝望的时候，牛棚房的门被叩响了。

兽医李叔是李春家的远房亲戚，他听说，村里能干又热心的李家小子病倒了，连续好几天都没来田里干活儿。他不放心，赶忙上山采了"退烧草"来看看情况。

这时，李春已烧得昏昏沉沉，没有一点儿力气说话。母亲周顺仙拍板要用土方子："李哥，你试一下，春儿烧得凶，我们没有办法了。"李叔把"退烧草"磨成碎末，熬了一锅汤药端过来。

周顺仙刚给李春喂了一口，他就吐了出来，这汤药味道实在是好怪。

"儿啊，你喝呀，良药苦口，喝下去就不难受了。"周顺仙好焦心。李春一直是个懂事的孩子，他一咬牙喝了两碗又辣又苦的呛口汤药，感觉心口好像有把火烧起来。

这一把火，彻底烧毁了李春原本想要安于现状在农村度过一生的想法。第二天，烧退了下去，李春睁开眼，他在汗水浸湿又凉透了的被子里，好像鲤鱼准备跃龙门前，奋力提一口气，蓄势待发。

这么多年，贫穷紧紧尾随着李春一家。难产、山洪、落榜、失业，它的影子若隐若现。18岁的少年不知天高地厚，想要用健壮的身体抵御风霜，却直接被掐住了咽喉。

但他一直坚信，守得云开见月明，静待花开终有时。

1987年11月17日，国务院常务会议通过《退伍义务兵安置条例》。除优抚补贴外，退伍军人还极大可能享有分配工作、社会保险、落户大城市的待遇。自此，全国上下洋溢着"当兵光荣"的热烈气氛，就连恩永村各家房屋的白墙上都拉上了鲜红色的横幅——"一人当兵，全家光荣"。

李春深受感召，不顾大病初愈，身体虚弱，他认真看起了征兵条件，并报名参军。在体检前，他很担心自己因为太瘦小通过不了体检。在知道自己获得入伍资格的那一天，李春坐在乌龟石上，回忆自己这18年坎坷的成长历程，内心却从未如此平静过。

第二章　军中芳华

摘下胸前的大红花

1995年腊月的一天，成都的天气格外好，难得出了太阳。

成都军区导弹部队一排代理排长一身绿色军装，肩章上是一条金色细杠和一枚星徽。转眼间，他已经入伍3年，长期的军事训练，使得原本瘦小的身躯变得魁梧挺拔，他的动作好似输入程序般规范，每一步都迈得沉稳有力。虽手执一把油黑发亮的刺刀令人生畏，但是他的嘴角和眉梢透出的笑意以及一张口满是"椒盐"味的方言，又使他显得可亲可爱。他就是21岁的军人李春。

今天是1992级云南省入列士兵归家的日子，军营特地为他们准备了一顿送行的饺子。饺子是白菜猪肉馅儿的，一个个包得像金元宝，胖嘟嘟的。大家都很激动，一口只能咬掉半个，嚼两口下肚，感觉胃都暖起来了。李春吃完饺子，原汤化原食，一碗漂着油花的饺子汤又端上来，他忙低头尝一口热气腾腾的饺子汤。

时光回转，岁月逆流。

1992年国庆节后，普洱市的火车站驶出一班军旅专列。这列绿皮火车跨过重重高山，越过纵横交错的河网，穿过数不清的隧道，不分昼夜，轰鸣前行。李春坐在火车厢的靠窗位置，新兵们都身穿八七式冬季军装，肩未授衔，胸前挂着一朵大红花。刚进车厢时，李春坐得板直，只紧盯窗外，不敢轻易挪动身体，用眼角偷瞄四川来的接兵干部。后来新兵们知道，只是离开这节车厢时需要给接兵干部打报告，其他时候无须过于拘谨，大家便放松下来，相互问候。

这是李春第一次坐火车，他一开始没觉得兴奋，云南和四川都属于西南四兄弟，省份间的方言串起来听都没问题，这一次不像是出了远门，反而像是到了另一个家。但是，随着专列跨过奔腾呼啸的金沙江，跑过川西的大凉山，他突然意识到，自己终于走出了恩永村。

一天一夜之后，列车到峨眉山市时，已经是第三天正午了，李春一下车便感觉一股湿气扑面而来。新兵们全被载上了敞篷军用车，每顿一根火腿肠和一个面包，到军营时肚子早已空空如也。

李春本以为到军队第一件事是吃饭，哪里想到第一件事是在训练场上学习叠被子。

"峨眉山脚下天气凉，待一晚上大家就会知道，不盖被子是不行的，以后每晚睡觉前你们班长都要去查寝，你们的被子叠不好，那就扔出去，你们晚上想盖都盖不到。班长们教大家一遍，学会了我们再吃饭，你们说，好不好？"连长说道。

18岁的新兵蛋子们不敢多言，齐声说好。

一床绿色的棉花军被，手肘压实后平贴在地面上，等折三分，在长度五分之一处，捏出大半个手掌宽的长条，向上拢被，抚平皱褶，修好棱角。豆腐块被子"三分靠折，七分靠修"，看班长们叠起来简单，李春自己一上手就汗流浃背了。

整个训练场上，时不时就看到有新兵叠好的被子东倒西歪。李春看到大家都半斤八两，心里松下一口气。

连长见状说："好，大家有一个叠不好的，那就都一起不要吃饭。"说完后又上前给新兵们演示一遍，他这一次叠得更慢更细致。大家你帮帮我，我帮帮你，前后折腾两个小时，训练场上终于摆好了一大片整齐的"豆腐块"。这时的李春已经饿得前胸贴后背了。

"大家辛苦啦，坐这么远的车来这里。但是，我今天提前敲警钟，大家来这里不是来玩的，而是来当一名随时出征、保家卫国的军人的。我们师是中国的铁拳头，只要一声令下，24小时内，我们要出拳到祖国的任何一个地方。"连长洪亮的声音贯入李春的耳朵。

李春所属部队早有威名，被誉为"铁拳雄师""西南第一快反师"，曾先后参与解放战争、中印边境自卫反击战、对越边境自卫还击战等。

成为一名战士何其光荣，但训练场没有掌声、没有赞歌、没有安逸，"平时多流汗，战时少流血"，从叠好一床被到限时快速移动式作战训练，部队教给李春的第一课是先摘下胸前的大红花。

攥紧是坚硬的拳头

新兵训练是成为真正战士的第一关，50岁的李春回忆起18岁时的这段经历，仍记忆犹新。

入伍后的前20天是适应性训练，以队列训练为主，包括停

⊙ 1992年，李春（后排右五）新兵训练正步留影

止间转法、齐步、正步、跑步、蹲下起立、立正稍息、跨立、敬礼礼毕。李春走正步练得尤其好，他腰背笔直，目视前方，当听到"正步——走"的口令后，左脚向正前方踢出，腿绷直，脚尖下压，脚掌与地面平行，离地约大半个手臂位置，适当用力使全脚掌着地。

在新兵适应训练节奏后，以体能训练开始逐步增加训练量，3公里训练中间会适时穿插仰卧起坐、俯卧撑、折返跑等小科目。同时，辅以军事技能训练，包括投手榴弹、射击、穿戴防护服、战术训练等，训练的整体难度大大提高。"战术训练"中有一个惯称为"爬战术"的难忘科目——匍匐前进。对大多数新兵来说，"匍匐前进"可谓是"鬼门关"。

李春所在的部队驻扎在峨眉山脚下，这里的冬天不吹风不枯叶，但多云雾、爱下霜。训练"匍匐前进"时，上方是铁丝网，铁丝网下不是常见的细密沙土，而是凹凸不平的硬土地，还多被沾满露水的野草覆盖。

"卧倒，低姿匍匐……前进！"随着班长一声令下，李春迅速卧倒，收腿、伸臂、出枪、穿越铁丝网，露水浸湿了他的作战服，在与支棱起的硬石块反复摩擦下，他肚子上的皮肤也被蹭破了，地面像冰块儿一样冻骨头。"流血流汗不流泪，掉

⊙ 李春（左）战术低姿匍匐训练留影

皮掉肉不掉队"，在这狭小的空间里匍匐着迅速爬30米，每次李春都咬紧牙关，绝不叫苦、不喊累。

技能战术有法，而体能体质无形。李春身材瘦小，体重不过百斤，肋骨紧紧贴肉，腰带要系到最里的扣眼儿。艰苦的训练加上饮食不习惯，李春每天训练后都感觉浑身乏力，疲惫不堪。徒步5公里时，看着前方战友矫健的身影，李春心有余而力不足，手脚发软，全凭提着一口气儿跑下来。李春深知，这个坎儿必须迈过去。

每天早上，李春赶在吹哨前起床，基础拉伸后，他开始训练短跑、蛙跳、俯卧撑、引体向上、仰卧起坐……明明是冬天，他的双颊却总是热得通红，汗水浸湿他的头发，解放鞋也被他穿得湿答答的。一日复一日，他的控腿能力终于收放自如，手臂挥动更加有力，他终于利用速度与力量战胜了体型上的不足。

3个月的集中训练后，李春获得了新兵嘉奖。还记得那天晚上，他一个人踏步向基地的后山走去，脸上挂着浅浅的笑意，嘉奖带来的喜悦在心中回荡。脚上的解放鞋擦过野草，发出窸窸窣窣声，月光轻抚着他的双肩，回想自己这段时间经历的点点滴滴，他的眼窝里出现了一滴亮闪闪的东西。突然，他双手捂着脸蹲下去，那瘦弱的脊背抵着作战服，仿若四姑娘山连绵的山脊。他流下泪来，开始是小声地抽噎，慢慢地，情绪涌上心头，泪如泉涌。

摊开是柔软的指头

3个月的新兵训练后，李春成了一名无线电通信兵。今日之果皆为昔日之积，职高时期的专业学习提高了李春的记忆力和理解力，李春学习通信知识也因此受益。上千条密语他都牢记心中，在竞赛时能以极快的速度译出密语，成绩常常名列前茅。

1993年底，部队驻扎基地迁移到眉山。作为高中毕业生，李春备受部队的关注。他第一次参与了指挥军士集训——俗称"准班长集训队"。班长，在部队基层各项工作中起着承上启下的作用。如果说，新兵是对自我进行抛光打磨、各项追优，那么班长则要组训施教，对集体负责，如安排军事训练、管理后勤内务、做好集体思想建设等。

考核通过后，李春成了指挥班班长，他有一套自己的带队风格。新兵里常有"刺儿头"现象，颇有个性、在家中受宠爱的孩子来到军队不适应，不守纪律，一有事情问起来，就是回答"忘了""不知道""记不清了"。还有些能力突出但组织纪律性较差的新兵，总爱插着裤兜直呼班长姓名。李春像从泥土里拔萝卜一样爽利地揪出"刺儿头"们，写检讨、做俯卧撑、深蹲……没有规矩就不成方圆。但是，在李春看来，没有人真想当"刺儿头"，人性中都有桀骜不驯的一面，也有阳光的一面，如果把他放在了阳光处，他就会熠熠生辉。要善于发现每一个"刺儿头"的优点，进行正面引导，并利用适当的机会让他发挥出自身的价值。

新兵中还有一类人——他们性格内向，安静内敛，刚进入一个新环境需要较长时间来适应。这类新兵就需要及时进行生活关怀和心理疏导，帮助他们尽快适应部队生活。

有一次检查新兵内务时，李春发现有一床铺子是湿的，离铺子还有半米远，一股味道就飘过来了。李春赶紧把床上的豆腐块散开，然后放在太阳下晾晒。床主是一位来自广西的新兵，他看到被子，不好意思地说："班长，我去把被子叠起来。"这个新兵个子挺高，脑袋却耷拉着，不敢抬头看李春的眼睛。

"不可以，"李春忙说道，"晚上睡湿铺子要长湿疹的，你知道不？这里气候湿，晚上用不着喝太多水，太阳落山后，你拿水沾沾嘴，熄灯睡觉前去趟厕所。"

"班长，我就是睡不着。睡着了做梦，就控制不住自己，我在家里不会这样的。"新兵说道。

"最重要的是放轻松，来到军队就是回家了，你一开始不适应是正常的，和战友们多学学，不要那么焦虑，晚上也不要想太多。"李春张开手掌，拍拍新兵的脑袋，"你把心态调整过来，实在不行，我们再去医院拿点儿药吃。"

李春又把新兵的室友叫来，叮嘱他们不要笑话人家："人家刚进部队，精神压力大，你们就不要笑话他，要多开导关心他。"

这个新兵经过一个月的调整，再也未出现过类似的问题。

第三章　璃光中成长

扫码解锁

◉群英颂歌
◉技术突破◉奋斗底色

海鸥飞回菜海子

西伯利亚有一种海鸥，通体白羽，尾翼墨黑，长着鲜红色的脚掌和凿形喙，云南人也叫它们"水鸽子"。翠湖属于城外的小湖湾，周边多稻田、菜园。"昆明池水三百里，菜海与之为一体"，于是，翠湖被亲昵地称为"菜海子"。

1995年12月，李春退伍归乡，家乡云南等回了晚归的候鸟。

次年春分后，李春第一次来到"菜海子"，他凭栏望向湖心。湖心有堤，堆成假山模样，不常被精心打理，随性生长出杂树灌丛。堤岸围绕着安静的湖水带，水的颜色不像泸沽湖一样明蓝，而是幽静的绿。水面上有几只斑头鸭，懒懒的，无心用羽翼惊起涟漪，温吞吞地漫游着。

这里唯一有闹意的是游人。有人来闲遛，吃盖碗茶配葵花籽、酥皮花生米，也有老人找一处阴凉围堆，拉二胡合唱。更

⊙ 1996年，李春参加工作后在昆明翠湖留影

多的是像李春一样刚刚参加工作的青年人，二三好友，一边走走停停赏春光，一边雄心壮志谈未来。

李春的未来蓝图此时也正在展开。退伍后，李春被分配到云南省昆明市呈贡县（2011年5月设为呈贡区）的呈达工业技术玻璃厂工作。呈达工业技术玻璃厂创建于1989年，原直属于云南省交通厅，是当时云南省唯一的玻璃深加工厂，产品销售范围辐射云南全省和邻近的东南亚国家。

乘着我国改革开放的春风，玻璃加工行业发展势头正好。

彩虹与风雨共生，机遇和挑战并存。

20世纪90年代，全国逐步推行企业股份制改革，不少国有玻璃企业面临倒闭或转型的处境。大多数玻璃企业通过自主技术研发，逐步打破国外垄断，取代进口，填补一个又一个"国内空白"，推动玻璃行业的快速发展。

1998年，呈达工业技术玻璃厂改制为云南呈达企业集团有限公司，实现了国有企业向私有企业的顺利转变。时至今日，原来小小的一个玻璃厂，已发展成为集玻璃加工、销售，铝合金车窗、门窗制作、销售，安全技术防范工程设计、施工及维修，茶叶种植、加工、销售，茶文化研究与传播，粮油购销为一体的综合型企业集团。

往昔不同今日，我们将时间的琴弦拨回李春入厂的那一年。

1996年3月，山雨欲来风满楼，呈达工业技术玻璃厂正面临着挑战与机遇。在这共同助力玻璃厂新生的时刻，李春成了厂内一名普通的胶合工人。

呈达工业技术玻璃厂以生产汽车用的安全玻璃为主要业务，汽车安全玻璃是汽车被动安全设施之一。根据《GB9656-2003汽车安全玻璃》规定，载客汽车（涵盖家用代步车型与大型巴士），其前挡车窗必须采用双层夹胶玻璃制造。

夹层玻璃，是由两层或两层以上的玻璃胶合而成的。两片玻璃间夹胶，看似肉夹馍一样简单的制造工艺，实则处处都是挑战。胶合工作的全部奥秘不在于"肉和馍的选材"，而在于"烹饪酱汁的火候"，即合适的升温曲线。

胶合玻璃的生产，对于李春来说，仿佛是一片前22年从未涉足过的原始丛林。他站在丛林边缘，心中满是胆怯与迷茫，如同初入未知领地的探险者，面对眼前烦琐的工艺流程、复杂的设备操作以及陌生的专业术语，一时无所适从。

雨夜的守护者

孤狼——50岁的李春回想起刚进厂的自己时这样评价道。

1996年，一批退伍兵分配进玻璃厂的有17个人，其中李春等4人分进了夹层车间。厂里的工作培训很随性，老工人当师父带徒弟，新工人一边干活儿一边学。刚退伍的李春，还未适应新的工作环境。他性子刚烈耿直，不爱迎合，只在旁边看着别人递帕送水。其他3人很快都和老工人们相处融洽、打成一片，唯独李春一个人闷头探索。

每天下班后，李春便自己去找书和资料来看，从最切要的胶合工艺扩大到夹层玻璃制备，并努力掌握包括玻璃研磨、抛光、切割、磨边、钻孔等玻璃预处理工艺，同时第一次接触到了中空玻璃生产的流程。

穷理以致其知，反躬以践其实。

经过3个月的理论学习与工作实践，李春已经能够独立上岗。但有趣的是，这3个月以来，李春时时翻看的书，不是关于玻璃深加工技术的，而是关于电工常用操作技能的。李春在职高时期主修水电专业，基础扎实，这也是他的底气。

在日常工作中，李春自觉关注到工厂的用电问题，主动参与用电设备的维护工作。他发现玻璃厂里的许多线路布局都不太合理，比如照明灯。

"这个电路是谁设计的？该照的地方照不到，不该照的地方又很亮。好浪费电哦。"李春觉得太奇怪，于是问厂里的老师傅。

"哎呀，从有这个厂的时候就这样了，反正影响不大，将就吧。"老师傅摆摆手回答道。

细节，在很多人看来就是小事，没人想给自己找麻烦，往往忽略过去了。李春也不麻烦别人，他自己捡起高中的笔记，尝试着重排厂里的照明电路。他小小的举动，不仅方便了自己，也悄悄地方便了他人。厂里的老员工们都逐渐注意到了这个不说话、闷头干的小子。

1996年5月的一天，值夜班的李春正专心观察着蒸压釜的升温曲线。白班时，工人们已经完成了预压工序，去掉了玻璃和胶片间的空气，经过预压后的玻璃叠片中仍然存在一部分气体，胶合的牢固度也不高。接下来的关键工序是蒸压，高压釜是蒸压过程的主要装置。

高压釜像一个铁皮空心的绿皮火车，釜体圆滚又细长，厂里的工人们把它当成不作响的高压锅。

"砰……砰……"李春听到时不时几声压低的闷响，不一会儿变成了急促的鞭炮声。

原来是急雨扑了下来，打得厂房顶部的石棉瓦啪嗒作响。李春四处张望，急忙开始检查厂里的窗户，还好都密封得严严实实，水渗不进来。但是，他记得厂里的排水系统做得很不好，下水道总是容易被堵住。他想找个手电筒，去看看排水沟的情况。

玻璃厂里的灯光是微弱的、昏黄的。突然一个闪电，厂里忽地一下，变得亮堂，李春看到窗户边的墙身惨白惨白的。紧跟着，响雷追来，轰隆声由小渐大，好像白炽灯泡都吱一声颤动起来。闪电再一挥鞭，整个工厂陷入黑暗。

"糟了！"李春愣在原地，汗毛竖立，他知道低压配电柜肯定跳闸了！

这还不是最糟糕的。厂里的排水方式很简单，屋顶的檐口做了一个雨水收集系统，将排水管与屋檐的石棉瓦紧密连接，再通过排水管排到下水道。雨下得太大，把石棉瓦冲开，水顺着破口往厂房里灌。

"要是水进炉子了，几万块钱全都报废了啊！"李春看着水疯狂地往里进，心里也像划开了一道口子。他已经来不及想太多，拿起手电筒，找到梯子，梯子搭上屋檐，手电筒甩在地上，光照到瓦片脱落处。雷声轰鸣，他害怕，但是依然手脚麻利地爬上去，他要把石棉瓦拉上盖好，雨水顺着手往下流，蓝色的工服袖管、穿了好多年的布鞋都湿透了。等他下来，发现事情还没完。

下水道果然被堵住了！

员工宿舍距离厂房较远，加之晚上大家都回家了，宿舍里更是没什么人。李春想着去周围村里的民房看看，结果一片漆黑，没有找到帮手。幸好，他观察过厂里有一把铁锹。于是，他硬生生地靠手和铁锹挖通了排水沟。待雨小了之后，他疲惫地挪到洗拖把的水龙头边，用水冲一下手，发现隐隐作痛，这才看到石头撞在手上擦破了几道小口子。拖把池高约30厘米，宽约10厘米，他累得一下脱力坐在拖把池上，靠着墙，用水擦了一把脸。

医生曾说，人体不同部位的伤口愈合速度各异。头部、颈部以及面部的皮肤，由于血液循环丰富，通常愈合迅速，短短六七天便能恢复如初。然而，腹部或是供血较差的区域，愈合时间则会延长10至14天。李春默默想着，他的伤，似乎格外难以愈合，那是一道藏在心底、看不见却时时作痛的伤口。

1983年，宁洱县突遭山洪，9岁的李春看见被冲来的古树断干沉沉地压在稻苗上，他仿佛能听见稻苗渐渐微弱的喘息。这场灾难给小小的李春心头留下了深刻的印记，成为他童年记忆中最为沉痛的一章。

1996年，玻璃厂的这个雨夜，22岁的李春拉石棉瓦、挖排水沟，整个晚上他不敢合上疲倦的双眼，车间里的高压釜安静地休憩。此刻的他，不再是那个无助的孩童，而是已经成长为一名承担起保护工厂安全职责的青年工人。

或许，这便是童年的创伤愈合的过程——并非彻底遗忘，而是接纳、面对，并从中汲取力量，继续前行。

大哥

北京时间2000年1月1日00：00，中华世纪坛，一团火焰被点燃，在漫天烟花和数亿人的呐喊声中，为了迎接新千年而铸造的重达50吨的中华世纪钟被敲响。期盼已久的21世纪终于到来了！

"2000年，将是我们厂破土的一年，一切蓄势待发！"厂长握紧拳头，向上挥舞。1999年12月31日，呈达工业技术玻璃厂全厂为欢度元旦、展望新千年，举办了隆重的庆祝活动。

"今天的年终总结表彰大会，事实上就是我们呈达工业技术玻璃厂的一次大阅兵。大家一年来的辛苦耕耘，我们都有目共睹。作为厂长，我亲眼看到了厂内一年的巨大变化，我发自内心地为我们厂的快速发展而感到骄傲！在这里，我也要真诚地向为我们厂勤勉服务的所有同志致以深深敬意。"厂长语毕鞠躬，会场内响起了雷鸣般的掌声。

举办活动的会场所在的大楼是1999年才新建好的，会场窗明几净，桌椅新得发亮，一块写有"2000年度股东及员工大会"的蓝色幕布挂在正前方的墙面上，黑字红底的"欢庆元旦"四个大字挂在上方，旁边还系有各色彩带。一切都是崭新的，包括李春身上的工作服。新工作服是蓝布黄领，做工好又耐脏，发到厂里工人的手上，大家都夸"线头少"。李春胸前别着一朵大红花，他是夹层车间唯一获得先进工作者纪念奖的工人，作为代表，他的内心非常激动，手里奖状的一角都被他捏湿了。

会后，获奖的员工们一起上台合影留念，李春还没来得及看镜头，就听见相机咔嚓一声。

咔嚓，咔嚓。李春脑子里的弦一下被拨动，他突然意识到，明天就是2000年了，这两年或许是时间过得太快，或许是他经历了太多，他好像一直还停留在1998年。

1998年，李春第一次被厂长叫去谈话。几日后，李春被直接任命为车间副主任。这事发生得突然，但是一点儿也不令人意外。厂里的员工都知道有这样一位又年轻又有思想的小伙子。他该出手时就出手，雨夜值班凭一人之力拯救了一车间的玻璃。

⊙ 2000年，李春（一排右二）荣获先进工作者纪念奖

　　李春的功夫也做在平时。厂里员工的工资大头儿还在绩效，绩效着重看工作完成情况，多劳多得，少劳少得。大多数工人都埋头干自己的工作，以图更快更多地完成手中项目，而李春不但一边干自己手里的工作，还一边关注着厂里设备的"健康"，定期进行设备维修。

　　从一线工人变成车间副主任，头衔易变，行为模式和工作思维难转。一开始，李春觉得这不就和在部队当班长、当排长一个道理吗？有什么困难？部队里军令如山，言出必行，执行就要到位。李春给员工们布置工作，就像在军队里下命令一样，表达上没有任何回旋的余地。

　　车间临时安排加班，李春将合片室的管理交给了解春华（化名）。

　　"我不行，我今天有事。"解春华推托道。解春华和李春同一年入厂，平时工作态度就不端正，时常偷懒耍滑。李春想到这里，心下不满，一拍桌子，说："你有事，我不管，你的工作就得你来完成。工作哪里有商量？"

　　这天晚上，解春华没有来上班。李春一问，发现他居然去喝酒了。李春想来想去，觉得这人眼里没有一点儿规则，不懂什么是集体，便在第二天的大会上狠狠批评了他。

李春本来以为工人们会理解他，甚至为他的一视同仁而感动，却听到工人们偷偷叫他"李军阀"。李春第一次真正感受到职场和部队如此不同，面对这复杂的职场人际关系，他感到十分迷茫。

当时，李春所在车间有员工数名，还有车间主任一位。

车间主任叫李明，他的个头不高，身体敦实，长得很有亲和力。李春第一次见他，觉得他像20世纪60年代平民巷子里拉扯一家弟妹长大的大哥。工厂里人人都说他是好人。

一天中午，李明把李春叫到办公室。

"抽水机抽不上水来，小李，你能去处理一下吗？"李明把手搭在李春的肩上问道。抽水机是一个给水库灌水以冷却设备的水力机械。李春觉得这完全不急，而且管理抽水机应该是车间工人的职责，但他还是先答应下来："好，主任，我待会儿吃完饭就去处理。"

等他吃完饭过来，却看到抽水机那里早有一个人在修理。

"主任，你来了啊？"李春看到李明在那里修理，感到非常不好意思。

"你来得晚，我早点儿来看看，免得耽误生产。"李明温和地说道。

"主任，这个工作有工人负责呀，连个抽水的小事情都要我们亲自来做，那只会助长工人们的惰性思想，长此以往，他们就会丧失自主性。"李春虽然觉得心里过意不去，但他还是想和主任说一下关于工人责任的问题。

"理儿是这个理儿，但实际上很多时候，你想让工人们主动承担责任，但是大家都不想，你要怎么办？如果我们领导先做了，他们看到了自然会不好意思的呀！"李明微笑着说。李春愣在原地，意识到李明主任看似在说没有责任心的工人，实际在点他。

"我们做领导，只是做一时，但是我们做人，却要做一辈子。"李明主任的目光凝重而深邃，那双明亮的眼睛里，仿佛射出一道光芒，穿透了李春的眼眸，直达他心灵的最深处。

请回答1999

1999年，20世纪的最后一年，也是新中国成立五十周年。在这一年，云南昆明举办了中国首届A1级世博会——以"人与自然——迈向21世纪"为主题的1999年昆明世界园艺博览会。

百花齐放，万鼓齐鸣，世界瞩目，这一具有国际影响力的活动，鼓舞着全国人民在党的领导下信心满满地跨入21世纪。

世博园共设中国馆、人与自然馆、大温室、科技馆和国际馆五个室内场馆。其中，"大温室"堪称此次博览会最高水平，展出云南热带雨林、亚热带花木、高山花卉和温带花草，共有两千多种。大温室如何保持恒温？温室内的花卉如何能够一夜花开？这对温室所选用的玻璃提出了极高的要求。

工期紧，玻璃技术要求高，事关国家荣誉，作为当时云南省唯一的玻璃深加工厂，呈达工业技术玻璃厂接下了此次任务。

夹层车间多做夹层玻璃，然而这一次为了提高控制阳光和热能的性能，要用夹层玻璃为原料制成中空玻璃。中空玻璃是将两片或多片玻璃均匀隔开并在周边黏接密封，使玻璃层间形成干燥气体空间。不仅要进行压合，还要进行充气，且对玻璃加工来说，面积越大，制作难度就越大。自接下任务开始，全厂员工日夜加班，吃住在厂，共啃一根硬骨头。

每天，李春早早赶到工厂，在车间里连轴转，常常为工厂关最后一盏灯。可问题总是解决了一个又出现新的，急性子的他总是想当天解决。压力之下，李春食欲不佳，所谓"为伊消得人憔悴"，几周下来，系腰带都比平时往里多摁两个孔扣。

1999年时，玻璃厂里的机械设备远不如现在先进，很多时候解决难题都是靠人靠笨办法。现在厂里用电车牵引运载，而当时全靠人力。一块温室用的玻璃又长又大，李春领着厂里几十个人一起抬，慢慢地挪动。

心往一处想，力往一处使。整个玻璃厂空前团结，工人们拧成一股绳，克服困难，效率倍增。1999年4月30日，世博会开幕式顺利举行，厂里的每一位员工都与有荣焉。

1999年底，厂长在调任总公司前，找来李春谈话。面对厂长那双充满期待与信任的目光，李春犹如打开闸门的洪流，将平日里深藏心底的车间琐事倾吐而出。他细数那些被日常繁杂所掩盖的问题角落，剖析每一位工友的性格特质与职业技能，以及存在的不足，将车间生活描绘得真实而具体。他的话语诚挚而急切，带着初生牛犊不怕虎的锐气，毫无保留地剖析着这个集体的另一面。

然而，当话语的余音渐渐消散于静寂的空气中，李春的心却如寒风过境般陡然冷却。他恍然意识到自己的言行似乎过于直率，甚至略显鲁莽。那一股脑儿的倾诉，尽管是出于对工厂改进的热忱，却可能因缺乏周全的考量，显得自己仍是个刚脱下军装不久的愣头青。这种自我认知如冷水泼面，让他不禁对刚才的直言不讳感到懊悔不已。

第三天晚上，李明主任敲响了李春单身宿舍的门。

"昨天，厂长和我谈话。你知道他说什么不？"李明主任问道。

"问厂里的情况吗？"李春猜测应该与上次找自己谈话的内容差不多。

"厂里什么情况，厂长不知道吗？为啥还要问我呢？"李明主任端起搪瓷杯，杯身很烫，他又放下。

李春不抽烟不喝酒，没有东西招待李主任，拿了搪瓷杯冲开茶叶。

李春知道主任不是在等他回答。

李明主任果然接着说道："明年，我就调走了，你呀，太年轻，想得太少。"

"厂长问你厂里什么情况，你把他知道的问题说一遍，又把他不知道的问题列一遍，那么这个厂是太不好了吗？怎么这么多问题？"李明问道。

"我说完就后悔了，我还是太不成熟。""人总是会有毛病，但是你为人正直能干，为厂里做的事情大家都看得到，厂长也都知道，我们都很看好你。但是，你想，你总是发现问题，却不解决问题，问题就还在那里。提出问题，要带着解决方案提。比如这个茶水，这么烫，咋能招待人？"

他将两个朴素的搪瓷杯并排放置，那升腾的水汽仿佛带着生活的温度，轻盈地在杯壁间舞动，片刻之后，水温恰到好处，不烫不凉，如同人与人之间最适宜的距离。他将一杯茶水分作两杯，一杯递至李春面前，那茶水的清香与热气交织，仿佛在低语：此刻，我们共享的不只是茶，更是彼此的信任与理解。

这一夜，李春与李明主任在昏黄的灯光下相谈甚欢，话题从工作的困扰延伸至人生的哲理，从车间的琐碎谈到对未来的憧憬，言语间流淌着真挚与关怀。时光在不知不觉中悄然滑过，东方已露出鱼肚白，两人却浑然不觉，仿佛沉浸在一个与世隔绝的对话空间，唯有思想的碰撞与情感的交融在无声地进行。

每当李春回想起那一次与李明主任的彻夜长谈，心中总是泛起一阵阵涟漪。那不仅仅是一次深入的交谈，更是一份厚重的情谊，一种灵魂深处的共鸣。他多么渴望能再回到那个夜晚，亲手为这位亦师亦友的好大哥，倒上一杯温度适口的茶，让那份淡淡的茶香再次弥漫在他们之间，让这份情谊在茶水的温度中永恒延续。然而，时光无法倒流，他只能将那份怀念与敬仰深藏心底，化作前行的动力，以此致敬那次难忘的对话，致敬那位对他影响深远的大哥。

第四章　山屏住呼吸

扫码解锁

◎群英颂歌
◎技术突破◎奋斗底色

携手渡难关

公司的集资房很小，只有60平方米。但又很大，要装下一家五口人。李春、李春的妻子、岳父母和妻子未出嫁的小妹，都住在这里。

2002年3月惊蛰后，房子第一次招待客人，因为在这里举办了李春和妻子王晓红的婚礼。

关上平时通风的窗户，贴上囍字窗花，从窗帘上引条正红色拉花，一直挂到客厅中央的灯泡上，灯下的木桌子是崭新的，毫无使用过的痕迹。新房子里的红色装饰并不是很多。那个年代，婚礼并没有繁复的流程与奢华的排场。多数人家选择简简单单在家中，请来亲朋好友围坐一堂，共享一顿家常便饭，举杯共祝新人幸福美满。

家里客人走了之后，妻子在外面收拾桌子，厨房里，李春在清洗碗筷，这时岳父彭良荣走了进来。

岳父彭良荣当年读了两年中专后，回到了村里医务室上班。他个子小，胆子小，做事也格外小心，人称"小彭医生"。

新婚第一天，不禁让李春回想起第一次去妻子家时的情景。

那是一个雨天。当时李春和妻子王晓红相识已有一段时日，王晓红总是推拒李春和她家人的见面，她说："不要来打扰我平静的生活，你不可能吃得下我们家的苦。"认识两人的朋友也多次劝阻李春说"她家很穷""她家有个疯人"。李春不相信，难道比我们家还穷吗？

岳父彭良荣的工资很微薄，家里的田地大部分都被包出去了，没剩下几亩田，他每天下班后去种地，但忙不过来，所以他不种稻米，只是种些蔬菜。彭家只有彭良荣一个劳动力。王晓红的母亲年轻时干活手脚麻利，人相当勤快，但是因为一场意外患上了心理疾病，每隔一段时间就会发病。药物，成了她对抗病魔的唯一武器，日复一日，年复一年，却无法根治顽疾。长期的药物侵蚀，使得她的身体日渐虚弱，已无力承担田间地头的劳作。

因为糟糕的家庭情况，王晓红的眼神总是戒备的、恐惧的、惊疑的，像一只随时要被猎枪击中的麻雀。

这天，雨下得很密，太阳也早早地被拖走。在李春的坚持下，王晓红同意让李春送她回家。一路上，风吹斜了雨丝，刮湿了两人的衣衫。那时，村里的路还多是土路，一下雨，土全变成了泥水，有些地方软得像沼泽。土路尽头，能看到一个破旧的土坯房。

外面下大雨，屋内下小雨。远看，土坯房还有些亮色，红的、白的、蓝的、绿的，大大小小的各色盆子全都出场了，被放在漏水处下方。屋内走出一位中年男人，他看见李春之后，眼神很慌张，两个肩膀夹着，显得有些拘谨。

滴滴答答，滴滴答答。李春一时间感觉恍惚，这里太像十年前他的老家了。他奔跑了多少年才跑出的大山，突然又真切地立在他的面前。李春没有说话，默默地离开了。

贫穷可怕吗？李春对这个答案太过熟悉。每一个切实经历过贫穷的人，都对贫困的生活有着深深的恐惧。然而，每一个真正经历过贫穷的人更明白，贫穷不光是饥寒交迫、衣不蔽体和老旧的房屋，更是不被他人需要、无人关心以及看不到希望。李春的心中始终憋着一股劲儿，作为一名老兵，他始终在"战斗"，既不愿意认输，也不肯放弃。对于李春来说，困难的出现就是用来被克服的，问题的存在就是用来被解决的。

自那个雨天起，李春一直思考着两个家庭的未来，两人最终选择了相知相伴，在困难时互相支持，在迷茫时互相指引，共同完成这场人生的修行。

夫妻同舟渡，患难才见真情。

2006年，离预产期还有一个月，妇产科的医生发现王晓红的羊水量大大减少，出于安全考虑，建议立即进行剖宫产。女儿出生时体重非常轻，只有2.3公斤。第二天，女儿面部出现严重的黄疸症状，嗜睡，食欲差，没什么精神。李春赶紧将女儿转送到昆明市儿童医院，女儿一直在医院里住了40多天才出院回家。女儿出生后的3年，妻子的身体一直处在恢复期，李春一边工作，一边承担起照看女儿的责任。他晚上哄孩子睡觉，白天给孩子喂饭，还有打疫苗、洗奶瓶、换尿布……他尽可能地为妻子减轻负担。等王晓红的身体转好，她选择辞掉了原来的工作，安心照顾家庭。

数年后，李春回忆起自己和妻子的相遇相守，他从不觉得有何浪漫之处，也难以想起动人心魄的情节。相反，婚姻犹如一杯被冲淡的茶，轻抿一口，却能让人回味许久。

治火

2003年，短短一个月内，李春已经收到了第二封来自于辽宁沈阳高压釜生产商的公函。

高压釜是夹层玻璃蒸压工序中的主要装置，普遍采用气体为介质。这种压力容器属于特种设备，对人身和财产安全有较大危险性，工厂要取得特种设备许可证后方可投入使用，在许可证到期前要及时报检。

上一封生产商发来的公函，正是告知云南呈达企业集团玻璃公司，高压釜设备已到定期维护和更新的期限。紧接着，急追而来的第二封公函，内容是生产商在生产试压过程中，出现了螺栓扭曲、物料着火、盖子和加热器都被炸飞的情况。收到函件的李春，赶忙前往夹层车间。

先进的设备利于高效优质的生产，不受控的设备则往往能轻易夺走人的生命。李春再看到车间里的高压釜，不禁觉得胆战心惊，设备一旦起火爆炸，高压之下的瞬间冲击力足以打穿车间墙体，威胁到车间内正常工作的工人。

李春急忙与高压釜操作人员反复确认，高压釜压各端的釜盖是否啮合到位，是否上好防旋栓，是否正常启动了安全联锁装置。之后，他匆匆回到办公室，想要搜集更多有关高压釜事故的信息。

这天晚上，李春食不下咽，决定明天召开会议，一定要从上至下地提高工人对高压釜设备使用安全的关注度。

然而，生活就是永远不知道明天和意外哪个会先来。

李春的筷子还未放下，电话便响起了。

夹层车间内高压釜釜内发出隆隆响声，釜体底部保温放料球阀的软管自燃，燃烧产生大量烟雾，火焰生成热量，触发了火灾报警控制器，红色警报灯频闪，警铃高声作响，一时间厂内人心惶惶。

李春驱车赶到后，高压釜已停止工作，工人们关闭了仪表及加热电源，用干粉灭火器扑灭了火焰。万幸未引起爆炸造成人员伤亡，但高压釜内的玻璃已发生不可挽回的损坏。

"这一批玻璃毁了，这个月的活儿全白干了。先不说这几万元的损失，李春你说，以后还会不会出事故？要是随时出现这种情况，我们这个厂说不定哪天就要倒闭了，处理不好这个事，我看，我这个副总不当了，你这个车间主任也不要干了。"公司分管夹层车间的副总找来李春谈话。

2003年，李春升任夹层车间主任。一上任，便面临着高压釜爆炸这一行业难题，他顿时感觉压力颇大，心急火燎。

鸡蛋，从外打破是食物，从内打破是生命；人生，从外打破是压力，从内打破是成长。李春将压力转化为动力，带领整个车间的员工一起研究降低高压釜起火率的方法。

李春团队发现，夹层玻璃生产中的高压釜，以空气为介质，空气中的氧气本身就是常见的助燃剂。再加上高压釜工作时，釜内温度常处于100℃到150℃，而很多物料的燃点都不到100℃，一旦遇上易燃材料，火情一触即发。

于是，车间开始排查易燃物质，确保釜内绝不遗留手套、胶带、木片等可燃物，更换了原来的木板玻璃隔垫，玻璃捆绳也改用不锈钢丝或芳纶绳。同时，氧气只要接触油脂类物质，就会氧化发热，甚至有燃烧、爆炸的风险，每次使用高压阀之后，管道会积留油性物质。

因此，"一用一清洁，清洁必到位"成为厂内高压釜使用的标语。只要一次反应过程结束，工人们便使用温水冲洗掉黏着在高压釜内壁上的物料，然后用40℃～50℃碱水对高压釜内壁进行全面清洗，最后再用清水彻底冲洗干净。

从减速器润滑油不足应立即补充，到电气设备的改修，李春事无巨细，厂内的高压釜在很长一段时间内都未出现过问题。

然而，21世纪初，工厂仍然采取湿法制备夹层玻璃，就是将配制好、经过预聚合的黏结剂灌注到已合好模的两片或多片玻璃中间，排去气体，浆液固化后与玻璃黏结成一体，充当黏结剂，在高温高压情况下，生成了易燃的乙烯气体，厂里高压釜内使用的保温材料容易吸纳可燃气体，引起火灾。连续生产20釜后，操作工须进行一次高压釜空烧，手动排气、冷却，将残留的气体排出高压釜。

在更换了保温材料后，李春团队更加小心地梳理排查高压釜内的所有设备。他们注意到了风机——高压釜降温装置。一旦运转中的风机打到釜内的铁皮，就容易产生火星，且风机轴长期承受高温高压，为防破损漏气，要随时进行维护更换。

李春梳理总结了有关高压釜保养和紧急情况处理的方法，不仅让每一位呈达玻璃厂内的员工传看，更毫无保留地向业内公开分享，力求使整个昆明的玻璃厂高压釜都不再起火。

"治火达人"李春在攻克了高压釜起火这一难题后，才拖着一身的疲惫归家。

南方夏季炎热，建筑通风散热比外墙建筑保温更重要。因此，云南的老小区楼梯墙体多是镂空设计，常有穿堂风吹过。近午夜，小区单元楼像是深埋入黑暗的海洋，波浪拍打着礁石，李春家客厅的灯仍亮着一盏，像是闪闪发光的灯塔。出海人李春的脚步每踏上一层，一层楼的声控灯便亮起，暖光缓缓晕开，一点点盘旋着向上，渐渐地向灯塔靠近。

"吃螃蟹"

2008年9月15日，美国华尔街金融海啸爆发，并波及全球。为对冲经济下滑，我国出台了一系列针对房地产的刺激政策。

房地产产业链很长，开工阶段可以拉动水泥、钢铁、玻璃、建材、工程机械、建筑等行业，竣工阶段可以拉动家电、家居、家装等行业。2007年，我国施工面积大幅度增长，创近

3年新高，从根本上保证了房地产市场对建筑玻璃的强劲需求。

为适应市场对建筑玻璃的需求变化，云南呈达企业集团玻璃公司扩大生产规模，调整了原以车间为主的生产组织结构，下设中空玻璃厂、夹层玻璃厂、钢化玻璃厂。其中，中空玻璃厂、夹层玻璃厂各20余人，钢化玻璃厂是两车间合并的新厂，厂内80余人。

2008年，李春调任钢化玻璃厂厂长，成了第一个"吃螃蟹"的人。

风华正茂心意惬，斗志昂扬信心足。34岁的李春浑身是劲儿，下决心要在钢化玻璃厂干个"风生水起"。

一个工厂的生产系统是"人、机、料、法、环""资金"和"信息"的统一体。在投入生产系统的所有资源里面，最重要的资源是什么呢？

李春很清楚，人才是生产的第一资源。钢化玻璃厂管理制度革新的第一声号角，在人员管理上吹响。

以前车间工作，实行的是吃"大锅饭"的模式。一个班领到任务后，所有工人一起做，不分工作时长和工作量，做多少算多少。其中有懒汉也有勤工，等到工资发下来，大家几乎平分。李春便推行考勤制度，明确好包括病假、事假、年假、婚假、产假、丧假在内的23条假期规定，不允许随意迟到、早退和旷工。同时，要求"人人头上有指标"，将任务指标分解到每个员工身上，真正做到为自己的工作负责。

玻璃生产很考验人的耐心、细心与专心。过去工作监督不严格、任务分工不明确，部分员工工作的时候常常不上心，导致玻璃耗损量非常大，成本居高不下。甚至有个别员工，把工厂当自己的家，公电私用。看到日常倡导节约水电已经不管用了，李春咬牙当一回恶人，实行了生产买断制。

钢化玻璃厂的深加工产品一般都是尺寸定制加工，工艺上要求在加工前对玻璃进行切割、磨边、钻孔、清洗干燥等处理。特别是在切割和磨边工序中，只要工人不糊弄，就能大幅降低生产过程中的玻璃破损率。实行买断制度后，每天生产的玻璃落实到具体的人。损坏的玻璃、质量不达标的玻璃，当天结算成本，扣算在个人的成本指标里。还有后期追踪，如果这一片玻璃走出工厂，尺寸不对安装不上，从运费到误工费，全由个人按照销售价买单。

生产买断制，现在看来是工厂生产责任制的基本内容。然而，在当时的昆明，可谓是破天荒的头一遭。员工们对此非常抵触，甚至有人公开称要和李春打一架。李春心里明白，长痛不如短痛，与其因为质量不过关、成本高而一步步断了公司的销路，还不如现在就吃下这口黄连。只要有人敢来闹事，李春便说："闹有用吗？你好好做玻璃，哪里来这么多事？赔损不是没有上限，但是只要你来砸公司的饭碗，公司就敢砸你的饭碗！"

成本控制下来，玻璃厂"零破损、质量好、包赔损"的好名声也传了出去，玻璃订购量逐渐上升，工人们的钱包也鼓了起来。大家终于明白了李春的苦心，见面都称李春为"春哥"。

"春哥"对工人们的启发不只是在第一层面的生产端上，他还叮嘱员工们要跟得上时代。信息技术、英语、车辆驾驶，他都敦促员工们要"样样精通"。工人们一开始都觉得无所谓，这些和工作又没有直接关系，学来有什么用？然而，从国外购买的大量先进设备，从机器名到说明书都是英文的，作为技术工人，不知道机器怎么用，迟早被淘汰。

在厂里，有一位带头学习的模范人物——孙兵。他和李春入厂的时间差不多，从技工学校毕业，是玻璃深加工设备及工艺技术管理员。一开始，孙兵因为技高一筹，觉得空降下来的李春"不懂技术"，很不服管。后来，李春一系列政策推行下来，软硬兼施，厂里空前团结。李春鼓励技术员自主学习，而孙兵是一个好学勤思的人，和"尊重知识，重视人才"的李春不谋而合，两人在"全心全意为厂里作贡献"的路上同风雨共进退。

安全有时犹如玻璃一般，若不时刻小心保护，便会一朝破碎。钢化玻璃厂的第二声号角，吹响在安全管理上。工人们为工厂挥洒汗水，工厂自然要为工人们保驾护航。玻璃生产中常常发生小事故，比如工人搬运时因玻璃掉落破裂而造成擦伤。但最为严重的情况，仍然是工人们的违章操作。因此，使工人们对自身安全引起重视显得格外重要。李春决定提供安全培训、定期检查设备、设置安全事故追罚制度，办求将重大安全事故数字降到零。

然而，对李春来说，钢化玻璃厂革新的重中之重，在于设备革新。

"不换脑子，不转变思想，迟早要被淘汰呀，成本压不下来，效率提不上去，不能怪到工人头上。"李春认为还用土方法做玻璃，迟早有一天要被时代淘汰，于是积极向公司申请购入新设备。

可编程控制器PLC控制系统的引入，按下了钢化玻璃厂发展的快进键。

一片玻璃一个人熔制，片片玻璃间总有样差。利用PLC控制系统，只要输入成熟的参数，生产即可自动化。后续再引进其他设备，比如胶条装配合片台、铝框折弯机、丁基胶涂布机和旋转打胶台，其电控系统都可以用PLC为中枢，实现连续生产。

苏轼曾云："盖将自其变者而观之，则天地曾不能以一瞬。"世间万物无不在瞬息万变之中，恰如科技之潮流，日新月异，疾如旋踵。面对这股不可抗拒的力量，人生亦犹如航行于浩渺波涛之上，若仅为潮流所动，任其裹挟而行，终将陷入茫然而无所适从之境，进而逐渐落后于时代的步伐，沦为被遗忘的沙砾。

知常明变者赢，守旧滞后者败。生活并非仅是被动承受变化之洪流，而是应以主动的姿态去洞察其脉络，掌握其节奏。

娘家人

2001年10月27日，第九届全国人民代表大会常务委员会第二十四次会议《关于修改〈中华人民共和国工会法〉的决定》第一次修正，其中明确规定了"中华全国总工会及其各级工会代表职工的利益，依法维护职工的合法权益"。

企业工会从职工权益出发，依法与企业进行平等协商，被亲切地称为"娘家人"。2010年，工会主席李春已经成为"娘家人"两年了。除了节假日给职工们送福利、组织慰问困难职工家庭，职工们的"家长里短"也需要李春来调解。

小事不小看，件件尽心办。

李春总会提前倒上一杯热茶，耐心倾听每一位职工的诉说。

在玻璃公司的职工们看来，李春像一个随时可以检索的信息库，只要有问题，大家输入关键词，就能寻找到满意的答案。

有时，李春会发起一些有意义的集体活动倡议，比如职工运动会、无偿献血等。

"身体发肤，受之父母，拿一根管子，随便把你的血抽走了，人干活儿一点儿力气都没有了。"公司里的老辈人，一开始非常抵触献血。

"你平时切菜切到手，也会流血，身体里面是有造血细胞的，你把旧血排出去，就能够刺激新血产生，新细胞干起活儿来也更有劲儿！"老辈人愿意接受李春的劝说，因为李春从不用他们听不懂的专业词汇，"而且，你输血是会留下记录的，以后你和你的家属动手术，可以无偿优先用血。"

成为职工群众信赖的娘家人，让工会的温度触手可及，成为工会主席李春的履职目标。"有困难找工会"，一个个具体的举措、鲜活的事例，让这句响亮的口号在云南呈达企业集团玻璃公司掷地有声。

冲浪

2010年，虎跃之年，昆明的交通建设正式进入三环时代。

三环路，往往是大城市的主动脉。这根金腰带，将纵横昆明市各片区的数十条主干道、国道、高速公路等，连成一个四通八达的交通网络。其中，城市轨道交通每天将承载着大半个城市的上班人群。地铁像一块地底海洋的冲浪板，乘着昆明市"一小时生活圈"的海浪向前进发。

2008年12月19日，一号线试验段［世纪城站—五腊村站（昆明南部客运中心、新螺蛳湾）］开建，标志着昆明地铁开始建设。

……

2010年4月30日，一号线环城南路站—世纪城站正式开工。

2010年6月3日，"春城一号""春城五号"盾构机始发，标志着昆明地铁开始进入隧道施工阶段。

2010年6月19日，一号线广电大学站封顶，是昆明地铁第一个封顶的车站。

2010年7月28日，一号线云南广电大学站—晋城南站、昆明轨道交通产业园开工。

海浪的能量是可怕的，冲浪板的选择是与海浪搏斗的关键。

第一次巨浪轰然打来时，李春成了大家口中的"叛徒"。

云南的7月，早晚总是凉爽的，习惯每天进行户外运动的李春，总是赶在早餐摊出摊前到户外跑步。沿河街道因人少，显得格外宽敞，偶尔会遇到早起遛狗的老年人。李春返回时，街道也渐渐热闹起来。

上高三的孩子们，自行车的把手上挂着还热乎的早餐，蓝白色的衣服敞开着，被风吹得鼓了起来。阳光从石楠树的叶间钻出，燥热得像一首刘麦人农作时庆贺的歌谣。

一辆小轿车靠边停下，车窗缓缓降下。李春停下脚步。

"我不喝你们的茶，不然大家以为我拿了好处。"这不是李春第一次和轿车里的领导沟通了。

2010年7月，昆明地铁建设需要征用呈贡区部分地块，其中就包括云南呈达企业集团玻璃公司的职工宿舍。宿舍有两栋楼房，是职工们经过多方协商集资购买的，到手未满十年，大多数职工在集资购房时所贷款项还未完全清还。

根据相关规定，昆明市人民政府办公厅下发了关于转发地铁6号线工程建设项目征地拆迁工作指导意见的通知。

作为工会主席，李春承担起协调好拆迁方、被征收土地的所有权人、使用权人三方关系的责任。促进多方在征地补偿安置方案上达成共识的难点在哪呢？

原来，补偿的拆迁款不够职工购买安置房，这让很多职工无法接受，大家都不愿意在安置协议上签名。李春对这个房子也恋恋不舍，但他明白地铁通到家门口是好事，签名就是为国家作贡献。

李春带头签字后，有些本来摇摆不定的职工也跟着签字了，而其他没签字的职工感到非常愤怒。他们把李春围起来，斥责他："你凭什么背着我们带头签字？"李春很伤心地辩解道："这个项目政府都延迟开工两个月了，大家在这里耗下去又有什么用呢？"

双方争执间，工人们的泪水、喊叫、舞动的手指，将李春深深地拖入海浪的漩涡里。

李春不是一个好的"冲浪者"，但他却从不畏惧与生活搏斗。

李春一边咨询公司高层，一边查遍资料，想要寻求一个解决事情的最佳平衡点。最终，他发现一个新解法——公租房。政府可以在工业园区集中建设面向用工单位就业人员配租的公共租赁住房，用人单位可以代表本单位职工进行申请。征地拆迁的补偿款按照官方文件规定的计算标准进行补偿，同时，在李春的提议下，云南呈达企业集团玻璃公司申请了一栋公租房，职工们能以较为经济实惠的费用租住到合适的住房。

压力、委屈、郁闷，"冲浪"技术并不娴熟的李春差点儿被海浪击倒，往常看上去美丽无害的"珊瑚"刮得他遍体鳞伤，但是李春最终重新站了起来。他乘着海浪前行，蓝色的浪潮翻涌向前，裹挟着细密的白色泡沫拍向岸边，最终，它们也将化为静静的潮汐。

第五章　敢问路在何方

扫码解锁

◉群英颂歌
◉技术突破◉奋斗底色

"许三多"好好活

《士兵突击》里有一句经典台词，一直令李春念念不忘。

"钢七连"连长高城提干，与老团长作别时，他主动提起了之前心里一直不认可的一个兵——许三多："每做一件小事的时候，他都像救命稻草一样抓着。有一天我一看，嚯，好家伙，他抱着的是已经让我仰望的参天大树了。"

许三多非常清楚自己是一只需要先飞的笨鸟，他每做一件事都付出比常人更多的努力，才能得到"差不多"的结果。

永远拧着一股劲儿，这是"许三多"们的生存法则。这股劲儿支撑着李春走出大山，召唤着他重归故土，也督促着他不要忘记永远在路上。

逆水行舟用力撑，一篙松劲退千寻。李春随时警戒，不敢有丝毫懈怠。

2010年，他升任生产技术总监，开始把控整个公司的生产和技术开发工作。一着不慎，满盘皆输，这一盘棋博弈的不仅是李春的职业生涯，更是云南呈达企业集团玻璃公司的未来。公司生产应该如何摆脱市场发展的盲目性？中国玻璃行业未来十年之浪潮在何方？

2010年9月，在中国玻璃行业年会暨技术研讨会上，李春找到了心中的答案——自主创新。

少说空话废话，少喊打鸡血的口号，自主创新应落在实处。

李春磨刀霍霍，刀锋首先指向了公司起家的汽车玻璃生产。

当时，云南呈达企业集团玻璃公司的夹层工厂还在使用传统的灌浆法生产夹层安全玻璃。人工灌注过程中很容易填充不到位，残留的空气在固化后形成的气泡，如果客户不能接受，这块玻璃就报废了，一来二去，成本一下变得很高。工人的灌浆手艺是很大的变量，因此李春选择换一条路走。

20世纪中期，塑料工业发展迅猛，出现了PVB（全称是聚乙烯醇缩丁醛）塑料胶片。PVB塑料胶片，是一种黏合性、柔韧性很强的高分子材料。当玻璃突然碎裂时，夹在两块玻璃中间的PVB塑料胶片会把玻璃碎片黏在一起，使得碎片不致于飞溅伤人。玻璃裂痕也多呈现蜘蛛网状，可以为司机留有一定的清晰视野来处理紧急情况。

李春立即向公司申请引进这门技术，这样一批批性能良好的产品顺利出炉。

事业发展永无止境，奋进脚步永不停歇。

如何进一步优化汽车前风挡玻璃生产技术？李春开始紧密关注玻璃加工行业相关的技术研发动态，不远千里飞到各地参加各种玻璃工业技术展览会。李春对中国国际玻璃工业技术展览会的印象格外深刻。

漫步展厅，李春见到多个展位的展品贴上了"感谢××公司订购""已售出"的字样。在这样交易气氛浓郁的场所，李春潜心学习，收获了许多研发灵感。在一次展会上，李春接触到了"弯钢化玻璃"。这种玻璃先要经过物理钢化处理，在加热炉内加热到软化点附近，然后在冷却设备中用空气等冷却介质迅速冷却，在其表面形成压应力，内部形成张应力。相比于平钢化玻璃，弯钢化玻璃要做成一个整体的大曲面，根据不同的车型，从上到下定制出必要的弧度。

李春带着即将破土的希望归来，带领团队夜以继日地攻克这门技术，他时不时来到车间指导工人工作。

"你看，玻璃对齐没有？"李春身穿蓝色工作服，手戴白手套，微微欠身地问道。

胶合工人正在生产线上准备进行夹层玻璃合片。两个金属吸盘正吸附着经过预处理的平板玻璃，工人手里那一层白色的薄膜正是PVB胶片。

李春走到他们身边，目光如炬："两片玻璃切出来，相差只有零点几毫米，玻璃合在一起，误差也要小。合片这一步，千万不能错，不然就前功尽弃了。"从胶合工人一步步成长起来的李春，深知合片的重要性。

李春的细心不仅体现在玻璃生产上，还体现在经营管理上。公司钢管厂来了个年轻人，第一次做成本核算。李春检查报表时打眼一看，发现数字不对，每平方米的玻璃生产耗电量怎么这么高？电脑复算后，果然有问题。年轻人不好意思，直哭鼻子，李春安慰说："错了就改正，不要急，不是还有我把关嘛。"后来，这个年轻人独当一面，并自学考了会计师。

鼓励、宽容、协助，人与人之间交流的正向能量总能催化出奇迹。李春团队实现了云南省双钢弯夹层胶片生产"0"的突破，他们生产出的曲面玻璃更轻更薄。汽车行驶时的空气阻力大大减小，玻璃与车身浑然一体，视觉效果上更加美观协调。

"简单的事做到极致，就是不简单。平凡的事做到极致，就是不平凡。"李春的座右铭从不是一句空话。

二胡"老"了

一个生鸡蛋，蛋壳毛糙，裹有霜状的粉末。

此刻，一支削尖的铅笔被紧紧握住，在鸡蛋的底部打一个"十"字，再沿着画个圆圈。接着，一根绣花针登场，往十字交叉的点扎一个孔，顺着画好的圆圈一个个扎下去，这样一块边缘平滑的蛋壳就被轻松取下，鸡蛋蛋身也无破损。

然而，当相似的操作场景从鸡蛋转移到坚硬的玻璃材质，难度陡然升级。鸡蛋换成了质地坚硬、透明无瑕的玻璃板，绣花针则被动力强劲的电钻所取代。李春团队在攻克公交车侧窗隐形窗开洞技术的过程中，很难在电钻开洞后保存一块完好的玻璃。

玻璃切割工艺，考验的就是一个词——精度。李春团队在小批量切割时，先用电钻留眼儿，再拿金刚石做的玻璃刀一点点磨。

⊙ 李春（右二）在车间指导生产

　　稍不留意，玻璃就出现裂痕，顺着裂痕出现一条大口子，一块玻璃就只能宣告报废了。

　　"春哥，您看，这样不行啊！"厂里的技术员问道。

　　"两块玻璃重合起来，钻的洞都不一样大呢？"李春仔细对比了两块玻璃钻磨好的孔洞，问道。

　　"春哥，您别看洞小，这两块玻璃都磨了三个小时了，我们手工操作，没有办法。"工人回答道。

　　李春说道："这样不行，效率太低了，出来的效果也不好，一受热玻璃就破了，后期加工也不好弄，损耗太大了。"

　　"春哥，我们能给玻璃开个好好的洞，已经是云南的第一家了。"技术员说得在理，但李春对现状并不太满意，下班后仍忧心忡忡。走在小区单元楼楼梯间，李春还一直在想玻璃切割工艺优化的方法。

　　这时传来一阵嘈杂声，打乱了他的思绪。

　　声音从镂空的墙面溢入，也顺着水泥砌的楼梯滚来。

　　楼顶有人在拉二胡。

　　本该悠扬绵长的乐声，时断时续，李春正沉浸其中，突然走调的闷响和停顿令他格外出戏。

　　他轻手轻脚地上楼，顶楼有一扇关上的木门。木门很残

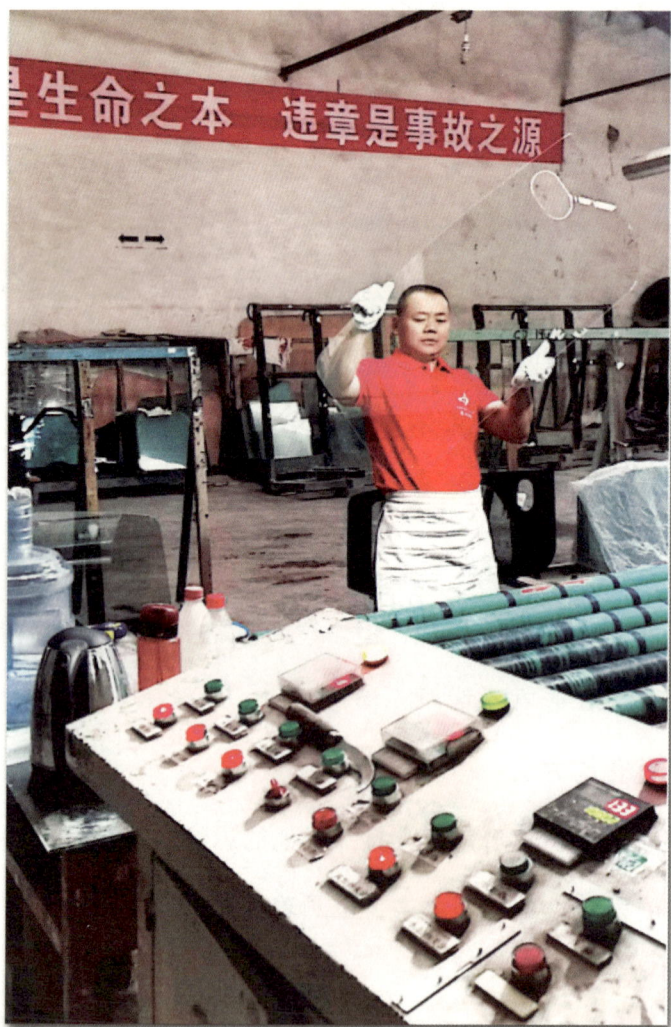

⊙ 李春在车间检查玻璃外观

破，上部分被撅了，木头须刺棱出来，像嚼干汁水的甘蔗。本该是门锁的位置，已被挖烂出一个大洞。

透过大洞，他看见岳父彭良荣坐在一把凳子上，岳父膝上的红木二胡是个老伙计了，琴轴缠了一圈铁丝，琴皮腐烂破裂。岳父拉空弦时，老伙计发出"丝丝拉拉"的噪声。

"或许，他应该换一把二胡了。"李春想。

或许，玻璃切割的设备也需要换一台新的了？

在李春获得新设备购入的渠道前，传来了一个好消息——李春被评为昆明市劳动模范了！

李春一开始简直不敢相信，他怀疑刚刚接到的电话是不是真的。当他看到昆明市劳动模范名单上确实出现了自己的名字，他感觉长期压抑在胸中的郁结，一下子被解开了。

恩永村河口

岁月织起田畴画卷

渠水蜿蜒

滋养稻田之翠绿繁衍

弯月镰挥

割断猪草之晨曦低语

工厂机鸣

唤醒沉睡的透明诗篇

玻璃闪耀

映照翩跹的流水产线

培训会堂

智慧火花四溅如繁星

劳作之手

谱机械之曲

创新之匙

解未知之域

"是谁创造了人类世界？是我们劳动群众。"李春真切感受到了《国际歌》的新时代内涵。

他异常激动，下班后飞奔回家，把这个好消息告诉妻子王晓红。

妻子正在收晾好的衣服，经过一天的晾晒，衣服染上了阳光的味道。

妻子听后，手上的动作不停，只说了一句："这有什么值得高兴的呢？这只是对你过去一段时间工作的总结。"李春感觉自己好像被泼了一盆冷水。

妻子接着说："你以后应该更加努力，继续做出表率，担得起劳动模范四个字。"李春冷静下来，帮妻子叠好衣服。他意识到，劳动模范不是一个句号，而是一个逗号，鼓励着自己续写"劳动最光荣"的人生篇章。

2017年，李春被评为云南省劳动模范，他用奖金给岳父买了一把新二胡。

岳父舍不得拉这把二胡，他只是一遍遍地叮嘱李春："你要懂得感恩，感谢党，感谢国家，感谢这个好时代。"

岳父的话语虽朴实，却像一汪泉水，表达出亿万中国人心中对党和国家最清澈的爱。

"爸，时代在进步，劳动者也要跟得上节奏。您的老二胡只有换成新的，才能拉得出好曲子，不要等到新二胡放旧了再使用。"李春回道。

几年后，在北京的玻璃工业技术展会上，李春结识了一位广东人。

他向李春介绍了佛山市博斯马克机器人有限公司。博斯马克机器人有限公司开发了一款软件——BOSSMACK玻璃CNC数控系统。

⊙ 2017年，李春被评为云南省劳动模范

　　李春经过考察后向公司提交了设备购买申请。采用CNC系统控制的自动玻璃切割机，从上片、传送定位到切割和掰片可一次完成，适用于大批量的玻璃深加工生产。公交侧窗可以钻洞，珠宝店柜台的防砸玻璃也可以钻洞，再到步行街商户的玻璃门……玻璃切割工艺精进一小步，呈达玻璃公司的产品销路拓宽一大步。

守正创新

　　随着红绸缓缓落下，金色牌匾上"李春劳模创新工作室"几个大字赫然显现，熠熠生辉。

　　2013年，李春劳模创新工作室在一阵热烈的掌声中，正式揭牌成立！

　　李春劳模创新工作室核心成员有7人，不看头衔，只论技术。7位成员分别来自云南呈达企业集团玻璃公司的不同部门，包括技术部、质量部、财务部及下属三厂等。钢化、热弯、采购、核算……李春一心求才，为玻璃加工的创新研发选拔行家。

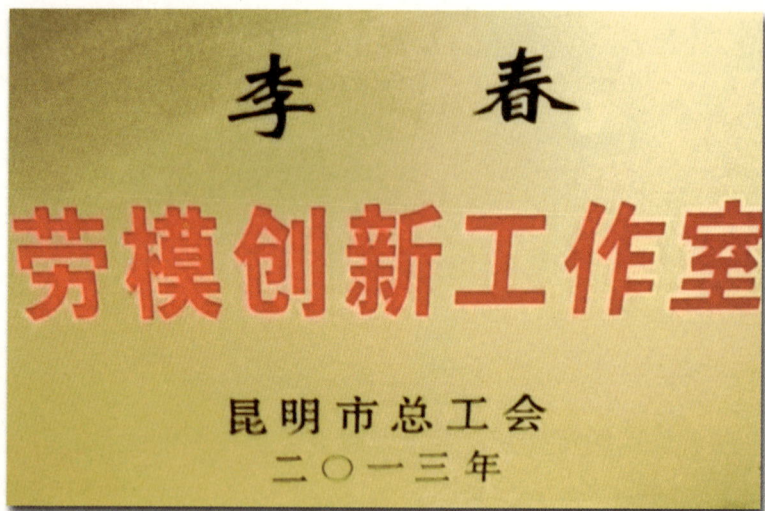

⊙ 2013年，李春劳模创新工作室成立

云南呈达企业集团玻璃公司的产品，在市场上销路最好的主要是两类。一类是防弹防砸的安全玻璃，常常是来自金融机构或商户的订单。李春劳模创新工作室带头研发的两款产品——"防砸复合玻璃"和"防弹防砸复合玻璃"，获得了"昆明名牌产品"的称号。李春为保护创新成果，申请了国家实用新型专利，获得了质监部门的认可。另一类是汽车的前挡和侧窗玻璃，根据不同的车型定制。24年来，经过一代代员工的打磨与改进，这两款热销产品的技术已臻于成熟。

知常明变者赢，守正创新者进。

只靠前人插柳，后人躺平乘凉，这不是李春的风格。"现在建筑玻璃市场在升温，我们公司应该抓住机会。在座的各位，都是公司的精英，我们公司的未来还要靠大家。"李春在工作室会议中点出了公司未来发展的第三条路。

不久后，李春劳模创新工作室接到了一张具有挑战性的建筑玻璃订单，来自于轿子雪山景区。

在不常遇雪的南方，云南轿子雪山每年9至10月下雪，从不辜负游客的期待，坐稳了"滇中第一山"的位置。

轿子雪山景区，湖水静静淌，杜鹃花成海，高山巍峨耸立，落日晚霞瑰丽。景区最具特色的，是以彝族吉祥物宝葫芦为主题打造的吾葫园。

为吾葫园高达40米的大金葫芦建筑设计玻璃，这让李春劳模创新工作室感到既荣幸又担忧。从玻璃切割、装片到组装，"金葫芦"不仅需要过硬的产品生产实力，"高颜值"才是其核心武器。

看得见风景的房间，是玻璃在建筑中最灵动的表达。美丽背后，是精密的测量、严格复查与反复修改的骨架设计。

大金葫芦建成后，引发了热烈的反响。轿子雪山平安福景区游客量持续攀升，省内外游客都纷纷前往打卡，这也鼓舞着李春劳模创新工作室继续稳扎稳打，不断向前。

李春劳模创新工作室还接到过一笔特别的订单，就是为昆明莲花池的一家餐厅设计球形的采光屋顶。

那段时间，李春团队每天定时前往施工场地，采用重锤、钢丝线及水平仪等测量工具，在屋顶上测出玻璃平面、立柱、分格及转角基准线，并用经纬仪进行调校、复测。

建筑玻璃的形状和尺寸要求特殊，手工生产很难满足需求。

李春劳模创新工作室在原来的BOSSMACK玻璃CNC数控加工中心基础上，结合CAD/CAM绘图软件，先用CAD绘制出所要

⊙ 李春在防弹玻璃实弹检测现场

加工的玻璃尺寸，选择好图形线段。然后，根据加工要求配置刀具组合，设置合适的参数（主轴转速、进给速率、切削深度、步长、加工余量等），最后，将玻璃通过移动吸盘准确定位，在所有的程序设定好后，保存文件，通过网络或软盘输送到数控加工中心PC机硬盘上。

简单来说，技术员只要使用CNC数控系统所能接受的语言，告诉它用什么刀、切成什么样，即可完成操作。

在玻璃加工行业，切割玻璃是基础，也是不能马虎的技术活儿。CNC数控系统的应用，使工人的双手被解放，成品效果也更上一层楼。李春劳模创新工作室的进步，也反映着中国玻璃深加工行业的发展新趋势。

用软件引领硬件，用创新引领生产，玻璃深加工行业的自动化、智能化，正是顺应时代潮流之举。宽敞明亮的车间内，先进的生产设备犹如精密的乐章指挥家，指挥着由各种机器组成的交响乐团，发出阵阵和谐而激昂的隆隆声。这些设备并非孤立运作，而是通过高效集成的软件系统实现互联互通，每一台机器都如同网络中的节点，精准执行着预设的指令，实时反馈运行状态，确保生产流程的无缝衔接与高效运转。

一条条现代化的生产线宛如血脉般纵横交错，它们跨越地域界限，将分布在全国各地的生产基地、供应商、客户紧密联结，形成了一张覆盖广泛、响应敏捷的生产网络，共同绘制着中国工业转型升级的宏伟蓝图。

致最可爱的你

云南大山里，雨水节气前油菜花开得越好，小满后榨油越香，各家田坎里的油菜花都被伺候得很好。油菜花在贫瘠的山坡上顽强生存，这也造就了恩永村村民乐观快意的性格底色。他们深知，正如油菜花能在贫瘠山坡上绚丽绽放，人亦能在艰苦环境中创造出属于自己的价值与美好。

李春母亲周顺仙的年纪大了，只顾得上喂猪种菜，所以他家种的油菜花不多。李春不劝她搬去城里住，城里的房子像个鸟笼，周顺仙住着不自在。原来牛棚改的房总是漏雨，几年前李春推了老房子，盖了一栋平房。

每天早上五六点，邻居穿着胶皮靴，背着喷雾器准备打药，路过周顺仙家。她听到动静，一下就翻身起来了。她先去给母鸡捡蛋，有一天去晚了一点儿，刚下的蛋被母鸡踩碎。她一边心疼得拿扫帚拍鸡尾巴上的彩羽，一边叨咕着："自己的娃娃你也要踩。"然后，一一探望小韭菜、大白菜、散花菜，发现有长得不好的，就从旱厕里挑肥来浇灌。

周顺仙总拿着一把小锄头，来到枇杷树下，折耳根喜欢阴凉，周顺仙是老手了，挖折耳根从不折一半在土里。锄头从一旁轻挖进去，小心地刨开周围的土，直到嫩嫩的根须裸露出来。

太阳落山了，她要去扯猪草，混合精饲料喂猪，至于比例，她都是看着放。周顺仙很少烧柴火做饭，平房里通了天然气，做饭变得更简单，只不过逢年过节，还得用土砖垒的大锅。

做好饭后，她总是将饭菜放在保温饭盒里装好。

60多岁的周顺仙，提着饭盒，步伐稳健，丝毫不显蹒跚，前脚落，后脚起，噌噌向前。这样的农村阿婆在南方很常见，虽然她们身材瘦小，但是不要小看她们，阿婆们浑身是劲儿，爬起坡来不喘，整天闲不下来。

周顺仙提着饭盒走进一间老房子，里面住着一位80岁的老人。老人没有儿女来管，周顺仙常常来陪她说话，给她送饭，帮她洗澡。她们之间虽没有口头的约定，但老人总会坐在椅子上，望向门外，等她来。村里人每周一到镇上赶集，周顺仙总是买些应季的水果带给老人吃。

李春知道母亲总要去看望村里的孤寡老人们，他曾经问母亲："你照顾人家那么久，人家儿女最后只来送葬，对你连一声谢都不说，你咋想的呀？"

周顺仙毫不犹豫地回答道："想什么想，人都走了，有什么好去想的。"

有一回，周顺仙提着橘子看望一个老人。老人的儿女在门口安了摄像头，以为周顺仙是去骗钱的，也不打电话联系村里人，直接报警了。李春得知后很生气，替母亲感到心凉，周顺仙只说了一句："人在做，天在看。"

心安身自在，心宽福自来。做自己觉得对的事，对得起自己的良心。周顺仙这份善良与坦然，也深深影响着李春。

2013年10月，云南呈达企业集团玻璃公司的一位员工李国东在下班后，突发脑出血，成了植物人。

开颅手术后，去除了一块颅骨，头盖骨有些凹陷。公司里的员工们害怕，不敢去探望他。李春感到很生气，在大会上公开批评："人人都会遇到困难，以后自己遇到事情，难道不希望有人来关心吗？没人来管你，自己觉得心凉不？”

李春每周都去医院探望这位员工。看到以前健康开朗的同事现在脖子上插着氧气管，毫无生气地躺在病床上，李春有种说不出来的难过。

日复一日，春去秋来，公司员工筹来的钱已经不够用了，李国东却仍没有醒来。李春打电话联系昆明市红十字会，周末的时间都用来填写资助申请表，准备申报筹款项目所需要的材料。

然而，在2016年，这位员工还是走了。

这三年，公司里的员工们有目共睹，李春尽心竭力地想要唤醒沉睡的人，但是奇迹终究没有降临。因为职工楼拆迁事件对李春心有芥蒂的员工们，都开始叫他热心好人。

毁誉从来不可听，是非终究自分明。被人误解，被人质疑，被人轻视，万般复杂的情绪他都已一一经历，李春并不因大家突然的改口好评而惊喜万分，一些美好的词，会成为束缚的枷锁。他一如既往，只做自己认定对的事。

第六章　发芽的心情

扫码解锁

◉群英颂歌
◉技术突破◉奋斗底色

埋在你归来的方向

中国地势自西北向东南倾斜，广西到广东，由高原过渡到大海，一路顺水。

从哪里来都会一路顺水的广东，像一个聚宝盆，吸引了全国各地的人慕名赶来。

2015年，李春也体验了一次下广东。

高耸入云的摩天大楼、密密麻麻的车流、步履匆忙的上班族……广东，这座位于中国南端的经济强省，以其快节奏、高效率的生活方式闻名。时间仿佛被无形的手捏得紧绷，这让初次踏上这片土地的李春也不由自主地加快了步伐，跟随着人流与车流的节奏，融入了这座城市的滚滚洪流之中。

李春的目的地是信义玻璃控股有限公司。

信义玻璃控股有限公司创建于1988年，是全球玻璃产生链的主要制造商之一。其拥有东莞、深圳、江门、芜湖、天津、营口、德阳七大生产基地。

信义玻璃控股有限公司向全国各地具有一定区域影响力的玻璃企业发出邀请函。李春填写了报名回执表后，带上公司的技术员李强，欣然前往广东参加为期一周的技术培训会。

李春在这次技术培训会上，接触到以Low-E玻璃为原片制作的Low-E中空玻璃。

李春团队在自行研发Low-E中空玻璃过程中，发现玻璃总是容易氧化，外观发乌、变色，甚至出现大量霉点。原因是清洗玻璃的水太硬了，需要对大量的硬水进行软化处理。

类似的小问题非常多，解决了一个又一个的问题后，李春劳模创新工作室终于开发出了一款环保节能的Low-E中空玻璃。李春赶紧申请了国家强制性"CCC"安全质量认证，真正让这款产品的腰杆硬起来。产品进入市场后，品质有口皆碑，实现了年销售10万平方米的好业绩。

订单激增，产能要跟得上销量，工人们忙得不亦乐乎，机器"轰隆隆"作响。有着多年工作经验的技术员，边熟练地调整着玻璃吸盘，边说："谁愿意连轴转，可是订单多，大家都待不住啊！"

工人们心底很自豪："生产忙，因为咱们产品销量好，大家都是靠市场吃饭，只有销量高，我们员工才能过得好。"

国家强制性"CCC"安全质量认证证书有效期限是五年，在五年有效期限内，生产厂家每一年都要接受抽检年审。

2015年11月23日，李春正忙于"CCC"年检。

母亲周顺仙打电话说："你爸有点儿咳嗽，你能不能请假回来，看下要不要送到医院去？"

"妈，我过两天就回去。现在工作在紧要关头，我实在抽不开身。"李春当时太忙了，而且父亲李建德平时身体就不太好，容易感冒，但都不是什么大问题。

不承想，这一次父亲的病越来越严重。等到李春完成手里的工作，从昆明连夜驱车赶回老家时，李建德已经很虚弱了。

"回来就好，工作完成没有？"父亲李建德艰难地问道。

"爸，都完成了，您先别忙着说话了，我马上带您去医院。"

"哎呀没事，都是小问题，过几天就好了，不去医院。"

人年纪大了，已经察觉身体不对劲了，反而不愿意去医院检查。他们不是心宽，而是担心自己会患上严重的疾病，给儿女增添负担。

"你听春儿的，赶紧去。"在母亲周顺仙的劝导下，三人赶去了医院。

医生在检查后，说道："明明是普通的肺炎，拖到现在，已经很严重了。"李春心中顿感不妙，却也只能默默陪着父亲打吊瓶。

老年人的血管弹性差，特别是一到冬天，天气冷血管一收缩，护士扎针时总容易滑针。李春跑去给父亲接热水暖手，回来时看到，父亲李建德的头靠在枕头上，整个人看起来轻飘飘的，他的双眼一直注视着李春。

李春心中一紧，快步上前。

父亲李建德脸色发青，嘴里一直在嘀咕。

李春跪在地上，耳朵贴在父亲的嘴边，听见他说："幺儿……我死了……幺儿……你要把我……埋在马路边……"

李春马上想要摇头。

父亲的呼吸有些急促，他的意识已经不太清楚了，停顿了好一会儿，他说："埋在马路边……看得到……你回来……回来的方向。"

最后，李春只是不停地点头。

一个吊瓶没有打完，父亲就走了。

那天晚上，有没有下雨，李春已经记不清了，那一夜如同被泪水模糊的镜片，只留下朦胧的影像。

李春只记得，1983年山洪前的那场大雨。黄昏时天色沉沉，空气湿闷，9岁的他在河边淘洗完猪草，心里有些害怕。一转头，父亲李建德站在种满稻谷的田坎上，他喊道："幺儿，要下雨了，快跟爸爸回去了。"

补窟窿

在办理父亲后事的三天里，李春设想了很多"如果"：如果我早点儿回来呢？如果父亲以前咳嗽的时候我就多上点儿心呢？如果我工作没有这么忙，我经常回家看看呢？如果……

人生有很多个分岔口，看似给出了很多选择。每次走错就会后悔，说一千次如果，做一万次假设，就算回到上一个分岔口，也总是会重蹈覆辙。生活，因为这一份懊悔，变得有了重量。

察觉到儿子情绪不对，母亲周顺仙顾不上自己内心的伤痛，催促李春上班："年底了，公司忙，不要因为私事，对不起培养你的单位。"

听了母亲的劝说，李春又背上沉重的行囊，踏上征程。

21世纪初，我国房地产行业如火如荼，助力了上下游产业链企业协同发展。

作为新型建筑材料之一的平板玻璃，大受欢迎。自2013年开始，云南呈达企业集团玻璃公司逐渐扩大了建筑玻璃的生产规模。

窗外日光弹指过，席间花影座前移。

到2016年，云南呈达企业集团玻璃公司的经营状况一直稳健向好。为了跟上市场不掉队，公司根据客户需求，蓄力开发个性化的新产品，马不停蹄地拓展业务。

步子迈得太快，公司积攒多年的"三角债"问题爆发了。

"你欠我，我欠他，他欠你"，债务就像一条闭环的索链，将多方系在一条船上。

云南呈达企业集团玻璃公司最终陷入了建筑总包、门窗幕墙分包、材料企业之间的"三角债"中。

想搞活企业，就不能对"三角债"这摊死水无动于衷。

云南呈达企业集团玻璃公司决心要清理"三角债"，这笔"三角债"的索结，在一套房产上。

公司抵押了一套价值近100万元的房子，经过上下游三方流转，这套房子最终又回到了公司手中。房子需要快速变现，以偿还上游的贷款。公司高层商量后，决定将房产转到李春名下，让李春承担起这个责任。

"你是冤大头吗？为什么要你来承担责任呢？这笔债又不是你欠的。"李春的家人们很不理解。

"话虽这么说，但项目确实是我牵头的，三角债不主动清的话，会越欠越多。"李春犹豫了很久说道，"拖下去，销售链瘫痪了，这么多人的工资怎么办？公司以后怎么发展？"

最终，李春硬着头皮，四处借款，买下了这套房子。

祸兮福之所倚，福兮祸之所伏。两年后，随着房地产业的发展，这套不起眼的毛坯房，价格居然上涨了不少。公司领导开玩笑地对李春说："你看，当初让你买下这套房子，你还不愿意，这下赚了。"李春哪里想到会涨价，只是心里宽慰自己：有时吃亏，也是一种福气。

2019年，银行开始收紧贷款政策，公司的流动资金出现问题，回收陈年旧账迫在眉睫。公司的玻璃业务应收账款高达5000万元，公司董事会决定将这笔款项压缩到1000万元。

李春开始了漫长的清收账款之旅。

一次，李春想回收一笔20余万元的"呆账"，对方一直拖欠不付。每次李春打去电话，对方不提还款的事，还跟李春玩起了躲猫猫，最后索性不接电话。

协商无果，李春只好选择走诉讼流程。在法庭上，对方企图赖账。但是，每次打电话催债时，李春都习惯录音留证。历经一年的拉扯，这一笔账终于结清。

心里一块石头终于落下，这3年来，李春在研发产品上的时间大大减少，工作重心转移到处理各类债务上。有时，公司需要个人房产作为抵押，以获得贷款来周转资金，李春便主动站出来为公司排忧解难。

李春的人生真正地活成了多面玲珑的玻璃。玻璃好像很脆弱，但当人们需要它坚硬时，它可以钢化防砸；当人们需要它美观时，它可以热弯塑形；当人们需要它节能时，它可以镀膜低碳。它是透明的，映射着各类人物的脸庞，却总是有属于它自己的模样。

奖章沉甸甸

海埂，不临海，是滇池沿岸的一道长堤。滇池，是昆明的一颗明珠。傍晚的滇池，晚霞在天边慢慢地燃烧，金色波光荡漾，它有大海般壮丽的风光。

云南海埂会堂，临滇池而建，遥望西山，是云南省规模最大、设施最先进、配套最完善的综合性国际会议中心。

海埂会堂举办了云南省总工会第十二次代表大会第三次会议，李春作为职工代表，参加了此次会议。

会议期间，时任云南省委副书记、省长阮成发发表讲话，其话语重心落在工会组织的使命与担当上。他强调："要充分发挥工会组织作用，当好政治上的明白人、职工群众的领路人、娘家人，团结动员广大职工围绕党委、政府的中心工作贡献力量。"在场的700多位职工代表纷纷肯定地鼓起掌来。李春的内心深处涌动着强烈的共鸣，对工会组织在新时代背景下所肩负的责任有了更深的理解。他深知，工会不仅要成为职工权益的守护者，更要成为职工成长的引导者，以及党和政府与职工群众之间的沟通者。

会议结束，李春走出会场，目光不经意间掠过会堂一侧墙壁，那里镌刻着一幅雄伟壮观的长城图景。长城巍峨耸立，蜿蜒曲折。长城之上，清晰可见的正是国歌《义勇军进行曲》的简谱，那旋律透过冰冷的石材跃然而出，瞬间在李春耳边回响起，令人心潮澎湃。

高昂激越、铿锵有力的乐声仿佛穿越时空，将人们带回到那个战火纷飞的年代，唤醒了每一个中国人内心深处的英勇与坚毅。李春沉浸在这激昂旋律之中，思绪万千，他意识到，《义勇军进行曲》的作曲人聂耳，正是来自他的家乡——云南。这一发现让他内心涌起无比的自豪与骄傲。

昨天我为家乡而自豪，今天家乡因我而骄傲。

2019年2月，在车间正常巡查的李春，接到一通电话，来自云南省总工会办公室。李春被正式推荐为2019年云南省唯一的全国五一劳动奖章候选人。公示期自2019年2月25日起至3月1日止，共计5个工作日。在这段时间里，社会各界将有机会了解李春的先进事迹。

⊙ 2018年5月，李春在云南海埂会堂留影接听完电话后，李春继续进行巡查工作，他的内心非常平静。

2019年4月，在李春接到通知前往北京人民大会堂参加全国五一劳动奖和全国工人先锋号表彰大会时，他仍然没有获奖的实感。

他在岗位上勤勤恳恳地工作，像一个不知疲倦的陀螺，在属于自己的小天地里旋转，怎么有一天会成为全国劳动模范？从昆明市劳动模范一直到全国劳动模范，李春每每想起，总是不好意思地说："是我的运气太好了。"

然而，这一切并非运气，"工人伟大、劳动光荣"的时代主旋律早已在中国奏响。

心心在一艺，其艺必工；心心在一职，其职必举。李春用劳动创造了幸福，用敬业托举了未来。

在此之前，李春数度踏上北上列车，奔赴首都北京。这些旅程并非寻常观光，而是专程参加规模宏大、影响深远的工业展会，他渴望在那里学习到玻璃加工领域最前沿的技术成果、最新颖的设计理念以及最高效的生产模式。

而今，李春再次踏上归途，手中紧握的却不再是一沓厚厚的资料，而是一枚沉甸甸的奖章——那是一份对他多年潜心钻研、勇于创新、无私奉献的至高嘉奖。

他回想起会议上中华全国总工会领导的讲话："这次受到表彰的先进集体和个人，是工人阶级和广大劳动群众的杰出代表，大家立足本职、埋头苦干，勤勤恳恳、无私奉献，在平凡的岗位上创造出了不平凡的业绩。"

踏平坎坷成大道，斗罢艰险又出发。多年披荆斩棘，多年风雨兼程，作为新时代工人队伍的一员，李春以辛勤劳动为基，以诚实劳动为魂，以创造性劳动为翼，将自己的职业生涯化作一首荡气回肠的奋斗之歌。

同事们赶来祝贺李春，称赞道："春哥，你真是我们永远要看齐的榜样。"

公司领导见到李春也说道："李春，恭喜你呀，我都没去过人民大会堂呢，真是太光荣了！"

同事们说想看在人民大会堂拍下的照片，他才想起，这一路过于紧张兴奋，居然一张照片都没有留下。

四个月后，云南省总工会为庆祝新中国成立70周年，举办了以"中国梦·劳动美"为主题的文艺汇演。在活动现场，李春第一次留下了和这枚沉甸甸奖章的正式"合影"。

当时，李春作为劳模代表坐在第一排，完全沉浸在现场热烈的表演氛围中。

在大合唱《新时代工人走起来》嘹亮激昂的歌声中，演出拉开了序幕。

活动全程共有16个演出节目，内容涵盖了舞蹈、歌曲、杂技、小品、音诗画情景剧、合唱等多种形式，各自以其独特的魅力吸引着观众的目光，将现场氛围推向一个又一个高潮。其中，最后一个节目最受欢迎，全体演职人员上台共同唱响了那首旋律简单却饱含深情的歌曲——《歌唱祖国》。

不少观众流下了眼泪，李春在台下情不自禁地跟唱："五星红旗迎风飘扬，胜利歌声多么响亮，歌唱我们亲爱的祖国，从今走向繁荣富强。"

活动结束后，李春脸颊滚烫，他走出会场，夜风拂面，携来路边芬芳的槐花香。

游目八荒，河清海晏。这里有和谐稳定的社会生态，这里有繁荣富强的盛世图景。出生在这一片滋养出大国巧匠、时代先锋的沃土，何其有幸。李春心中热流滚烫，涌上喉间，发出一声深情的告白："我爱你，亲爱的祖国。"

⊙ 2019年9月26日，李春参加"中国梦·劳动美——云南省职工庆祝新中国成立70周年文艺汇演"活动时留影

我在北京充电

昨天所有的荣誉

已变成遥远的回忆

辛辛苦苦已度过半生

今夜重又走进风雨

我不能随波浮沉

为了我挚爱的亲人

再苦再难也要坚强

只为那些期待眼神

心若在梦就在

天地之间还有真爱

看成败人生豪迈

只不过是从头再来

这首《从头再来》，是李春最喜欢的一首歌。

职业高中水电班毕业后找不到工作，他回乡种田。退伍后，他只身一人来到昆明成为一名胶合工人。他一直觉得自己不缺少从头再来的勇气。

2022年，李春突然接到一通来自北京的电话。

"李春，你好！我是中国劳动关系学院招生办的工作人员。"电话里传来陌生的声音。

在招生办的引导下，李春在中国劳动关系学院的招生公告上查到了《中华全国总工会办公厅关于做好2022年度劳动模范本科班招生工作的通知》。

北京？劳动模范本科班？脱产学习？

李春一点儿疑虑都没有了，随即想要报名。但是，成人高等教育劳动模范本科班至少要脱产学习一年，当时母亲的身体不太好，再加上自己的孩子面临中考，李春的计划只能延迟。

第二年，75岁的母亲周顺仙得知李春可以去大学深造，她轻轻地拍了拍儿子的肩膀说道："国家选中你，让你免费到北京学习，这要感谢国家的好政策。你从小爱学习，但由于咱家条件不好，没有能力让你走进大学校门。这次有机会圆了你的大学梦，也了却了妈妈的一桩心愿。你能到首都上学是我们家的骄傲。这一年妈妈一定会扛过去，等你学成归来。"

2023年3月，李春正式进入中国劳动关系学院学习。

中国劳动关系学院的学生宿舍，与首都师范大学附属花园小学隔墙相望，距离很近。

早晨8点，李春背上书包，快步走在路上，听见小学升旗时传来的国歌声。他来到一个新的城市学习，一切都是陌生的，但是每天有国歌的陪伴，他感到无比熟悉和温暖。

对于李春来说，每天最令他期待的时刻莫过于课堂的学习时光。

李春就读的专业是中国劳动关系学院的人力资源管理专业。2020年，此专业才在全国劳模、五一劳动奖章获得者中成功招收第一届本科生。此专业基础课有十门，其中有一门课对他产生了极大的影响。

这一门课是姜颖教授的劳动法学课。2005年，姜颖教授编写的《劳动争议处理教程》被评为北京市高等院校21世纪精品教材，也是这门课的专业教材。姜颖教授用通俗易懂的语言，结合丰富的案例，深入浅出地介绍了许多劳动法的适用原则和相关规定。一堂堂课下来，李春加强了对劳动者权益保护的认识，学习到了如何利用《中华人民共和国劳动法》解决常见的劳动纠纷问题。

这一点，他在过去并没有重视。

2022年4月的一个早上，公司里一位工人在工作时违章操作，玻璃没捆好纤维绳，掉下来砸中脚踝骨折了。李春知道后，赶到省医院为他垫付了医药费。员工的腿里打了钢钉做固定，已经无法从事重体力劳动，再加上他再有4年就该退休了，公司便把他调去做门卫。工人申请了劳动仲裁，最终发现工人的社保公司都没有缴纳全。

李春得知此事后，说道："该赔给人家的就要赔，但我要说的是，人家本来都同意协商解决了，是你们行政人员的做法不对，令人家寒了心。"

在李春看来，行政管理粗放不到位，行政人员态度冷漠，这是公司一根卡在喉咙已久的鱼刺。

他选择人力资源管理专业的原因之一，就是想要拔掉这根鱼刺。

另外一个重要原因，在于他想改变玻璃加工行业用人的一大乱象。

2013年，云南省玻璃商会成立，业务范围包括制定行规行约、加强行业自律，维护会员合法权益和行业公平竞争。李春也是商会中的一员。

一次会议中，各企业代表纷纷讨论起一个现象：行业中有人"挖墙脚"，出高价挖走别人厂里的技术员。技术员跳槽不到一年，工资又降下来。于是，又有人出高价，工人又跳槽。循环往复，企业人才流失严重，创新疲软，最后谁也没有得到好处，反而搅起了一摊浑水。

这一乱象对李春触动很大，他想要利用专业知识，传播"同心做人、合力做事"的行业良性竞争理念，树立起用人用工的典范。

经过一段时间的学习后，李春明显感受到大学学习与职高学习的不同。课程容量极大，老师课上提出很多案例，班上的同学分小组讨论分析。课后，李春要自己归纳梳理，消化大量的理论知识。

李春所在班级共17人，来自全国各地各行业，大家的成长背景、兴趣爱好和生活习惯皆有所不同，但都是闪闪发光、互相照亮的"萤火"。在这个大家庭里，大家都以兄弟姐妹相称。

鲜花虽美，却终有凋零之日；聚光灯虽亮，却难免有熄灭之时。当荣誉的光环渐渐褪去，那些曾在各行各业中挥洒汗水、创造辉煌的劳动模范们，又该如何面对生活的下一个篇章？

莫道桑榆晚，奋斗正当时。脱产学习，对于这些劳模而言，不仅意味着获取新的知识、解答疑惑，更是在为自己换上一把崭新的标尺，以全新的视角重新审视世界。

劳动美

　　李春第一次来到天安门前观看升旗仪式时，排得靠后。漫长枯燥的等待并未消耗他的激情，等到国旗护卫队走出时，人群开始欢呼，一阵阵由远及近的声浪向他拍来。

　　"向国旗敬礼！"护旗队下口令，同时行举刀礼。

　　在场的人们自发地合唱起国歌，李春肃然站立在那里，双目注视着那一抹鲜艳的中国红渐渐展开在天空中。

　　2023年4月27日，李春再次来到天安门广场。这一天，广场西侧的人民大会堂很热闹。

　　李春胸前佩戴着五一劳动奖章，他列席参加2023年庆祝"五一"国际劳动节暨全国五一劳动奖和全国工人先锋号表彰大会。

　　在会议上，中华全国总工会的领导指出："党的十八大以来，我国工人阶级和广大劳动群众在党的领导下，立足本职、

⊙ 2023年，李春在庆祝"五一"国际劳动节暨全国五一劳动奖和全国
工人先锋号表彰大会上留影

拼搏奋斗，争创一流、勇攀高峰，为全面建成小康社会、实现党的第一个百年奋斗目标发挥了主力军作用，用智慧和汗水谱写了'中国梦·劳动美'的新篇章。"李春深有感触，对此倍感亲切。"中国梦·劳动美——与共和国同成长、与新时代齐奋进"的主题教育，每年以不同主线进行宣传，"当好主人翁，建设新时代"的理念已经深入人心。一批批劳模涌现，紧密地团结在以习近平同志为核心的党中央周围。一代代前行者相继在中华民族伟大复兴的道路上，挥洒汗水，传递着手中的接力棒。

每次参加会议，李春都会拿出熨烫得妥帖的西装。生活中，李春除了工作服，穿得最多的是宽松的棉质短袖。

他每天都穿着短袖跑步，一天不下5公里，他也劝身边人多多运动："习近平总书记都说，人生幸福快乐，强身健体十分重要。"他常常在公司里组织体育比赛，曾带领公司员工拿下过拔河比赛的第二名。

李春步履不停，从恩永小山村跑到四川盆地，从西南边域跑到首都北京，他真正地用脚步丈量世界，用人生谱写劳动的赞歌。

　　在新中国的版图上，无数个像李春一样的劳动者系紧鞋带，他们奔跑着，摔倒过，又重新站起来，一路风雨兼程，一路繁花盛放。

扫码解锁

◉群英颂歌
◉技术突破◉奋斗底色